문화를 통해 배우는 삶의 방식

처음 문화인류학

문화를 통해 배우는 삶의 방식

처음
문화인류학

이희수 지음

봄마중

"사려 깊고 헌신적인 소수의 시민들이
세상을 바꿀 수 있다는 것을 결코 의심하지 마십시오.
실제로, 그것은 지금까지 가지고 있는 유일한 것입니다."

_마거릿 미드(Margaret Mead, 미국의 인류학자 · 교육사회운동가, 1901~1978)

지금은 문화인류학의 시대

AI 시대, 알고리즘과 빅데이터가 일상을 지배하는 시대에 살고 있다. 기계의 도움으로 모든 것을 혼자 먹고, 혼자 생각하고, 혼자 지내야 하는 삶이 다가온다. 편하기는 하지만, 가끔은 외롭고 따분하고 두려워질 때도 있다. 사람의 웃음이 그리워지고, 함께 어울리면서 다른 사람들의 생각과 가치가 궁금해질 때, 이 책을 들고 문화인류학 공부를 해보자.

문화인류학은 처음부터 끝까지 사람에 관심을 갖는 공부다. 머나먼 고대 인류의 삶에서부터 함께 살아가는 다양한 이웃 공동체, 지구촌 마을의 갖가지 문화, 인류가 꿈꾸면서 만들어 가고 싶은 미래까지를 총체적으로 공부한다.

문화인류학을 공부하기 위해서는 무엇보다 '문화상대주의'의 원칙을 지켜야 한다. 모든 문화에는 그 나름의 독특한 향기와 색깔이 있기 때문에 다른 사람들의 주장이나 가치관이 아닌, 그 문화를 만들어내는 사람들의 입장에서 살펴봐야 하는 것이다.

그런 점에서 문화인류학은 앞으로 우리가 살아가야 할 참다운 사람의 길을 찾는 공부이다. 또 AI 기술을 받아들여 발전하고 혁신을 만들어가야 하는 오늘날, 그럴수록 사람이 모든 것의 중심이 되어야 함을 배우고 깨닫게 해주는 학문이다. 다른 생각에 대한 존중, 다른 삶에 대한 예의, 다른 종교에 대한 포용은 물론, 문화를 선악이나 우열이 아닌, 같고 다름의 문제로 보는 문화인류학의 관점이야말로 지금 우리에게 꼭 필요한 가치다. 이것이 바로 우리 청소년들이 지금 문화인류학 공부를 시작해야 하는 이유다.

문화인류학자 이희수
한양대 문화인류학과 명예교수

차례

①

문화인류학은
어떤 학문일까?

인간을 연구하는 학문, 인류학

인류학은 인류를 연구하는 학문이다. 인류^{人類}는 사람을 다른 동물과 구별해 부르는 말이기에 인류학은 사람, 즉 인간의 모든 것을 연구하는 학문이라고 할 수 있다. 그래서 인학^{人學}이나 인간학^{人間學}이라고 부르는 학자들도 있다.

인간을 연구하는 학문이 어찌 인류학뿐이겠는가. 인문학이 주로 문^文, 사^史, 철^哲을 공부하는 학문이라면 인류학은 인류의 기원과 고대의 삶, 도구의 발달과 체질적 특성은 물론, 인류가 살아가면서 만들어낸 행위, 관습, 의례, 예술 등과 AI 시대 인류가 나아

갈 방향까지를 포괄하는 인류의 과거-현재-미래를 통합적으로
공부하는 학문이다.

인류학을 뜻하는 anthropology 역시 그리스어로 '인간'을 뜻
하는 anthropos와 '학문'이나 '지식'을 뜻하는 logos가 합쳐진
것으로, 인류학의 개념을 정확하게 나타낸다. 그렇기에 우리가
먹고 입고 자는 것, 결혼하고 이혼하고 전쟁하고 화해하는 것, 책
을 읽고 노래를 부르고 그림을 그리고 춤을 추는 것, 물건을 만들
고 사고파는 것 등이 연구 대상이 된다. 가족, 학교, 직장뿐만 아
니라 절, 교회, 성당 같은 종교 단체, 달리기, 꽃꽂이, 독서토론, 영
화감상 모임 등 공동체를 형성하고 사는 모습도 연구 대상이다.

대개는 인간의 생각과 행동을 문화적 차원에서 연구하지만, 진
화나 유전 같은 생물학적 방법을 이용하기도 한다. 정리하면 인
류학은 인간의 몸과 마음을 유기적으로 공부하는 학문이다. 종합
적이고 총체적인 '사람 공부'인 셈이다.

정치학은 공동체의 의사 결정이나 권력 분배 등을 연구한다.
경제학은 돈과 물건의 생산과 소비, 유통 등을 다루고, 심리학은
개인의 말과 행동을 특정 문화와 연관해 연구한다. 사회학은 고
유의 관습이나 가치관 등의 현상을 밝히고, 역사학은 자료를 통
해 제도 · 종교 · 관습 등을 파헤친다. 그 어떤 학문도 인간의 삶
과 떨어뜨려 생각할 수 없기에 인류학은 많은 학문과 영향을 주

고받는다.

인류학 연구에서 다루는 시간과 공간의 폭은 다른 학문에 비해 길고 넓다. 문자의 기록이 남아 있지 않은 선사 시대부터 21세기인 오늘날까지 전 세계 모든 지역, 모든 인간이 인류학 연구 대상이 되기 때문이다. 나뿐만 아니라 나의 친척과 지구촌 전역의 다양한 공동체, 오스트랄로피테쿠스부터 호모 사피엔스까지, 나아가 AI를 장착한 미래의 인간에 이르기까지 연구할 주제가 무궁무진하다.

인간, 인간의 활동, 인간의 생물학적 · 문화적인 변화와 발전에 관한 인류학 연구는 관심의 영역을 자기 자신에게서 다른 사람에게로 넓혔다. 다른 사람이 속한 사회와 문화가 무엇인지 알아보고, 자신의 사회 · 문화와 비교하면서 다양한 사회 · 문화에 관한 이해력이 생겼다. 세계 여러 나라를 여행하는 것이나 다른 지역에 사는 친척이나 친구를 방문하는 것도 넓은 의미에서 보면 인류학 연구에 동참하는 것이다.

물론 인류학 연구는 최소 1년이라는 기간이 필요하다. 그 사회나 사람들을 제대로 이해하기 위해서는 1년을 주기로 벌어지는 농사와 무역거래, 축제, 의례, 생활주기 등을 파악해야 하기 때문이다.

자신과 다른 사고방식과 문화를 가진 사람들 속으로 들어가

태국의 전통춤
세계 여러 나라를 여행하는 것이나
다른 지역에 사는 친척이나 친구를 방문하는 것도
넓은 의미에서 보면 인류학 연구에 동참하는 것이다.

함께 어울리며 생활하다 보면 미처 깨닫지 못했던 그들만의 생활방식과 의식을 발견하게 된다. 때로는 이해하기 어려운 문화충격을 경험하기도 한다. 그 과정에서 인류학자는 비교를 통해 자기 자신을 재발견하게 되고, 타인이 공포와 의구심의 대상이 아닌, 단지 다른 생각이나 의식을 가진 존중받아야 하는 대상임을 깨닫게 된다. 이처럼 타인을 편견이나 선입견 없이 바라보고, 인간을 인간답게 대하는 첫걸음이 인류학 공부라 할 수 있다.

인류학의 연구 영역

인류학은 역사시대 이전부터 지구상에 존재한 다양한 인간과 문화를 연구한다. 또한 인간의 생물학적 특징까지 다루고, 동물과도 연관해 연구가 이루어지기 때문에 연구 영역이 광범위하다. 원시인과 현생인류의 차이, 남녀의 차이, 지역과 인종의 차이, 문화와 언어의 차이 등을 비교해 궁극적으로 인간의 다양함을 인식하고 이해하려고 노력한다. 이러한 인류학은 크게 생물인류학, 고고학, 사회인류학, 문화인류학, 언어인류학 등으로 나뉜다.

① 생물인류학

생물인류학biological anthropology은 인류의 화석 유물, 인간을 제외한 영장류, 생물의 한 종으로서의 인류 등 생물학적 특징에 초점을 맞추어 인간을 연구한다. 인간이 언제 생겨나 어떻게 진화했는지, 현생인류의 생물학적, 행동학적 특징은 무엇인지, 동물 특히, 영장류와 같은 점과 다른 점은 무엇인지 등을 살핀다.

인간이 환경의 변화에 적응하고 진화한 과정을 연구하는 생물인류학은 한때 인간의 겉모습이나 속성을 중시해 '형질인류학physical anthropology'이라고도 불렸다. 그러나 지금은 생물학적 특징과 사회문화적·진화적 요소의 조화를 중요하게 여기는 연구가 이루어져 생물인류학이라고 부르는 경우가 대부분이다.

생물인류학에는 인류의 생물학적·행동학적·문화적 변화를 연구하는 '고인류학paleoanthropology', 같은 시대, 같은 지구상에 사는 다양한 인간의 모습을 연구하는 '인간생물학human biology', 뼈를 감식해 성별, 나이, 신장, 인종 등을 알아내어 죽은 사람의 신원과 죽은 원인을 밝히는 '법의학인류학forensic anthropology', 야생 상태의 비인간 영장류, 화석 상태의 유인원과 영장류 등을 연구해 인간 고유의 특징, 영장류와의 차이를 분석하는 '영장류학primatology' 등이 속한다.

② 고고학

고고학archaeology은 지금까지 전해져 오거나 발견된 유적과 유물을 통해 인류의 과거 모습을 연구한다. 그렇기에 수백만 년 전 살았던 유인원의 화석, 석기·청동기와 철기 시대에 사용했던 토기, 장신구, 무기, 무덤 등의 생활 유적처럼 사라졌거나 쉽게 보기 어려운 흔적을 추적하고 발굴한다. 그뿐만 아니라 최근에 파괴되거나 폐기된 건물 또는 물건 더미에서 인간의 흔적을 찾아낸다. 바로 지금 우리가 살고 있는 여기에서 과거와 현재의 인류 문화와 문명을 폭넓게 이해하는 것이다.

고고학은 역사적인 물증만이 아니라 인간, 물질, 동물과 식물, 지질의 흔적까지도 연구 대상으로 삼기 때문에 역사학, 지리학, 지질학, 생물학 등과 관련이 깊다.

③ 사회인류학

사회인류학social anthropology은 사회나 공동체를 대상으로 연구하면서 주로 친족관계, 가정생활, 경제, 소비 및 교환 패턴, 법률, 정치조직, 종교, 젠더, 저출산과 노인문제, 사회복지, 세대갈등, 소득불균형, AI와 인간생활, 사이버 문화 같은 주제를 다루는 분야이다.

사회인류학에서는 경제학자, 정치학자, 사회학자가 일반적으로 사회과학 연구에서 사용하는 설문조사, 설문지, 간단한 현장 방문에 대한 정량적 분석보다는 집중 현장 연구 ^{참여자 관찰 방법 강조}를 포함한 장기적인 질적 연구를 추구한다.

④ 문화인류학

문화인류학^{cultural anthropology}은 인류의 생활과 역사를 문화적 측면에서 연구한다. 생물인류학과 대치되는 용어로, 미국에서 가장 먼저 사용하기 시작했다. 용어에서 알 수 있듯이 문화인류학은 인류가 형성하고 지켜온 다양한 사회의 모습을 관찰·분석·종합해, 독특하고 고유한 문화의 법칙성과 규칙성, 변이와 변화를 밝히는 데 주안점을 두고 있다.

문화연구는 사회변화 연구와 밀접한 관련을 갖고 있기 때문에 두 연구분야를 합쳐 '사회문화인류학'으로 부르기도 한다.

⑤ 언어인류학

주로 문자화되지 않은 언어를 연구 대상으로 삼는 언어인류학 ^{linguistic anthropology}은 인류문화에서 언어가 차지하는 비중과 역할 등을 연구한다.

언어는 인간이 동물과 구분되는 가장 중요한 특징이다. 상징을 이해하는 추상적 사고와 다양한 감정의 표현을 가능하게 만드는 언어, 특히 토착 언어는 그 지역 고유의 문화를 형성하는 수단이자 자원이다. 그렇기에 지역 고유의 독특한 어휘나 민담·설화 등이 중요한 연구 대상이 된다. 또한 같은 언어를 사용하는 사람들끼리의 정체성과 사회성, 정보 전달과 의사소통, 건강, 권력 등을 연구한다.

최근에는 각 사회의 문화적 가치와 신념을 형성하고 변화시키는 언어의 역할과 작용에 대한 인류학적 접근이 활발하게 진행되고 있다. 언어인류학에서는 인류의 복잡성과 다양성을 이해하기 위해 분석언어학적 방법, 현지 조사, 언어표현 관련 연구 등이 이루어진다.

이외에도 인류학 연구가 사회의 다변화, 첨단화의 영향으로 점점 세분화되어 가면서, 환경인류학, 의료인류학, 복지인류학, 예술인류학, 종교인류학, 정치인류학, 경제인류학 등의 분야도 새롭게 생겨나고 있지만, 연구관점을 철저히 사람 중심에서 바라보고 상호유기적인 관계를 중시한다는 점에서 기존 학문과의 차별성을 갖는다.

인류학의 조사 방법

많은 사람들이 여행이나 출장, 주재원 등으로 해외에 머무를 때면 '문화충격 culture shock'을 받게 된다. 문화충격이란 자신의 사회와 문화, 생활 양식과 완전히 다른 상황에서 받게 되는 충격을 이르는 말로, 현지인의 말과 행동에 대해 어떻게 대처해야 하는지를 몰라 겪는 갈등과 불안을 말한다. 1954년에 문화인류학자 오베르그 Kalervo Oberg가 처음 정의했다. 문화충격은 현지에서 현지인들과 그들의 문화를 일정 기간 접하면 사라진다. 현지의 고유문화를 어느 정도 이해하고 익숙해졌기 때문이다.

이러한 문화충격을 감수하면서 직접 현지에 뛰어들어 자료를 수집하는 인류학의 연구방법은 첫 번째가 현지 조사 fieldwork다. 현장 조사, 현장 연구 등으로도 불리는 현지 조사는 현지 언어를 어느 정도는 할 줄 알아야 하고, 최소 1년 정도 체류하면서 현지 문화를 이해하고 현지인과 함께 어울려 생활해야 한다.

영국 사회인류학의 창시자인 말리노프스키 Bronislaw Malinowski는 현지 조사의 목표를 "현지인의 관점, 즉 삶과 그들의 관계를 그들 입장에서 파악하고, 그들 자신의 세계관을 체감하는 데 있다."라고 정의했다. 즉 현지 조사는 엄정한 인류학적인 연구규범을 유지하면서 문화를 만들어내는 현지인의 시선으로 낯선 사회

팁 문화

미국과 유럽의 팁 문화는 우리나라 사람들이 경험하는
가장 흔한 문화충격 중의 하나다.

와 문화, 사람을 바라보는 것이라 할 수 있다. 이는 '문화상대주의 관점'으로, 인류학 연구의 가장 핵심적인 관점이다.

현지 조사를 위해서는 첫째 연구 주제와 연구 현장을 선정하고, 둘째 현지 언어와 현지에 관한 어느 정도의 학습을 미리 해야 하며, 셋째 연구 주제에 관련한 질문을 준비해야 한다. 그러나 무엇보다도 현지 문화와 현지인을 열린 마음으로 대하고 갈등을 적절하게 조율하고 대처할 유연함을 갖는 게 중요하다. 그래야만 현지인의 시선과 연구자의 관점 사이에서 중도를 지킬 수 있고, 현지인과의 관계에서 '라뽀rapport'를 형성할 수 있다. 라뽀는 '관계'를 뜻하는 프랑스어로, 인류학에서는 '신뢰를 기반으로 한 친밀한 관계'를 의미한다.

얼마 전 방영된 드라마 〈닥터 차정숙〉에서 의사와 환자 사이에 라뽀가 생겼다는 대사가 등장했다. 서로 간의 믿음, 신뢰를 나타내는 심리학 용어인 라뽀가 요즘에는 인류학이든 의학이든 생활 전반에 광범위하게 통용되는 추세다.

현지 조사에서 사용하는 방법으로는 '참여 관찰'과 '면담'이 있다.

참여 관찰participant observation은 현지인의 생활, 현지 사회의 활동에 직접 참여해 관찰하는 방법이다. 이때 반드시 물질적인 측면도 함께 관찰해야 한다. 경제적인 상황이 생활 전반에 끼치는

영향을 무시할 수 없기 때문이다. 참여 관찰은 연구자가 현지 생활에 참여하는 정도에 따라, 또 연구자의 통찰력이나 타인에 대한 배려와 애정 등에 따라 관찰의 방향과 결과가 달라진다. 인류학 현지 조사는 장기간의 참여 관찰을 통해 머물고 있는 공동체 구성원들의 생각과 의례, 삶의 방식과 생활 전반의 행위들을 비교적 정확하게 이해할 수 있다. 그래서 현지 문화를 이해하는 가장 중요한 방식으로 참여 관찰이 강조된다.

면담interview은 직접적인 참여 관찰을 하지 못했을 때 현지인에게 질문하는 방법으로, 질문에 대한 대답이 자유로운 열린 설문 형태를 띤다. 사회학이나 심리학에서의 면담은 연구자가 미리 질문을 작성해 대답을 유도하는 '공식적 인터뷰formal interview'가 주를 이룬다.

반면 인류학에서는 참여 관찰과 공식적 인터뷰를 통해 알게 된 사실을 형식 없이 물어보는 '비공식적 인터뷰'가 더 많이 사용된다. 비공식적 인터뷰는 예상과 다른 방향으로 나아가거나 오랜 시간에 걸친 심층 면담으로 이어지는 경우가 많다. 이때 현지 문화가 주는 미묘한 특징을 연구자가 간파할 수 있어야 한다. 이를 위해 한 사람의 답변에 의존하는 것보다는 다양한 현지인의 목소리를 통해 서로 상호 검증하는 노력도 오류 최소화를 위해 필요하다.

인류학의 두 번째 연구방법은 민족지를 작성하는 것이다. 민족지ethnography는 현지 조사자료를 바탕으로 현지의 사회 조직, 생활 양식 등 특정한 문화를 기술한 글이다. '종족'이나 '민족'을 뜻하는 ethnos와 '기술법', '표현법', '기록 형식' 등을 뜻하는 graphy가 합쳐진 ethnography는 문화기술지나 민속기술지, 민족기술지, 기술민족학, 민속지학 등으로 다양하게 불린다.

민족지는 대개 현지 조사의 내용을 바탕으로 일반적인 문화에 대해 언급한 다음, 이 둘을 비교하는 형식으로 작성한다. 이때 현지 문화의 여러 측면에 총체적으로 접근해 겉으로 드러나지 않은 양상을 포착하고 해석한 내용을 반드시 적어야 하며, 문헌조사의 한계를 뛰어넘는 구체성을 지녀야 한다. 당장은 사소하고 중요하지 않게 보이는 것들도 나중에 문화를 알고 나면 엄청난 의미를 지닌 것임을 깨달을 때가 있기 때문이다. 또한 민족지를 작성할 때는 현지인의 사생활을 침해할 가능성을 늘 염두에 두어야 한다.

그러기 위해서는 연구자의 자세가 중요하다. 오랫동안 함께한 현지인에 대한 객관성을 유지하기가 쉽지 않기 때문이다. 자칫하면 자신들의 사회나 문화에 불만이나 적대감을 가지고 있는 현지인이 언급한 주관적인 정보나 설명을 그대로 민족지에 반영할 수 있다. 또한 연구자의 주관적 가치관이 현지 사회에 영향을 주어

그들의 문화가 변화할 가능성도 있다. 그렇기에 연구자는 현지 조사 과정에서 알게 된 사실과 느낀 점을 솔직하게 기술해야 한다. 개인정보의 공개로 현지인의 인권 침해나 불편함이 예상되는 경우에는 익명으로 처리하는 것을 권고하고 있다.

현지 조사와 민족지 작성을 통해 연구자는 비교연구를 통해 자기가 속한 사회의 문화와 자신의 문제를 더욱 객관적으로 대할 기회를 얻는다. 현지에서 경험한 문제를 재해석해 자기 생활에 적용하고, 복잡하고 다양한 사회와 문화를 이해하게 되는 것이다. 즉 세상과 자신을 보다 넓고 깊게 통찰하는 시선을 가지게 된다.

인류학은 사회과학일까? 인문학일까?

사회과학은 인간 사회에서 일어나는 현상과 이를 지배하는 객관적 법칙을 체계적으로 연구하는 경험 과학을 말한다. 인문학 humanities은 인간 자체, 인간의 근본, 가치, 사상 등과 인간 사회, 인간 문화 등 인간의 근원 문제를 연구하는 학문을 말한다. 그렇다면 인류학은 둘 중 어디에 속하는 것일까?

먼저 과학이 무엇인지를 알아보자. 넓은 의미의 과학은 학문 그 자체를 뜻하는 것으로, 사회과학, 인문과학까지 전부 과학이라고 본다. 반대로 좁은 의미의 과학은 17세기 이후 근대 자연과학에서 확립한 과학적 방법, 즉 계획·관찰·측정·실험·일반화 등의 방법을 거쳐 검증된 것으로 한정한다.

과학적 방법을 연구에 이용하지 않는 인문과학은 엄격한 의미에서 과학이 아니기에 인문학이라 부르는 게 타당하다. 반면, 과학적 방법으로 사회 현상을 연구하고, 자연과학처럼 경험을 중시하는 사회과학은 사회학과 구분되기도 한다. 그렇지만 사회학은 사회과학의 분야 중 하나다.

그런데 사회에 관한 과학이라는 사회과학은 인간관계와 사회 현상에 자연과학의 실증주의적 방법을 적용한다. 그 과정에서 연구자의 선입견이나 편견 등이 관찰이나 측정, 실험 등을 하는 과정에 영향을 줄 수 있다. 이를 극복하기 위해 사회 현상에 대한 이론을 일반화하고 객관화하려고 노력하며 언제든 이론의 수정이 가능하다는 열린 자세로 대처해야 한다. 사회과학에 해당하는 학문에는 경제학, 정치학, 사회학, 법학, 심리학, 경영학, 행정학, 교육학, 문헌정보학 등이 있다.

모든 일은 원인에서 발생한 결과라고 보는 자연과학과 달리 비교·분석을 중시하는 인문학은 고대 그리스 때부터 존재했다.

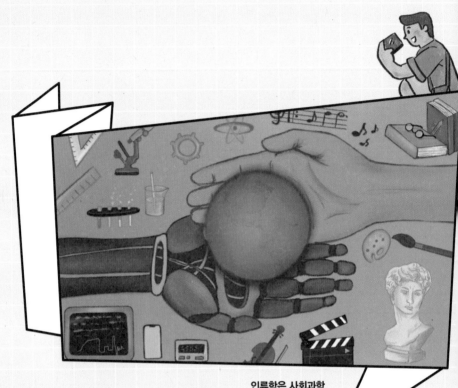

인류학은 사회과학

인류학의 현지 조사 방법은 자연과학의 방법과 유사하다.
계획을 세우고 관찰하는 것이 필수다.
그런 의미에서 인류학은 인문학을 바탕에 둔 사회과학이다.

비판적이고 이성을 중시하는 인문학의 경향은 이때 이미 형성되었고, 고대 로마 시대에는 문법, 수사, 논리가 포함된 일곱 가지의 관련 학문이 등장했다.

인간다움을 강조하는 인문학은 신神 중심 시대인 중세와 인간 중심 시대가 된 근대를 거치며 퇴보와 발전을 반복했다. 19세기에 이르러서는 자연과학과 다른 새로운 정체성을 가지게 되었고 20세기에 들어서는 사회과학과도 구별되어 인간의 사상·역사·언어·예술 등에 대한 학문적 독자성을 확립했다. 인문학에 해당하는 학문은 문학, 철학, 역사학, 언어학, 종교학, 예술학 등이 있다.

인문학에서는 이성을 바탕으로 분석하고 설명하는 방법을 주로 사용한다. 그런데 이 연구 방법으로는 인류학의 현지 조사와 민족지 작성이 쉽지 않다. 경험 위주의 현지 조사는 오히려 자연과학의 방법과 유사하다. 계획을 세우고 관찰하며, 도출된 결과를 민족지 작성을 통해 마무리하기 때문이다.

또한 인간 그 자체가 연구의 중심인 인문학과 달리 인류학은 시공간을 초월한 사회적 인간, 정치·경제·문화와 연관된 인간, 동물과 다른 인간 등 인간에 대한 종합적이고 포괄적인 관계와 현상이 연구의 중심이다. 따라서 인류학은 인문학을 단단한 바탕에 두고 있는 사회과학이라고 보는 게 타당하다.

문화인류학이란?

문화인류학은 인류가 걸어온 발자취와 흔적을 사회과학적 방법으로 연구해 문화의 규칙, 변이 등을 밝히는 학문이다. 문화인류학을 연구할 때는 역사학이 중요한 역할을 담당한다. 그래서 문화인류학을 역사학의 한 분파라고 분류하는 학자도 있다. 인류학에서 자연과학적 측면이 아닌 사회과학적 측면을 강조한 파트를 문화인류학이라 부르기도 한다.

문화인류학이라는 용어는 주로 미국 중심으로 사용하고, 독일이나 프랑스 같은 유럽에서는 민족학ethnology, 영국에서는 사회인류학social anthropology이라고 부른다.

엄밀히 따지면 민족학은 민족이나 부족의 문화적 특징과 전파 등을 따지는 인류학의 분야이고, 사회인류학은 각각의 사회를 비교해 그들의 생활이나 문화 등을 통합적으로 다루는 인류학의 분야이다. 그렇지만 문화인류학과 같은 의미로 사용되는 경우가 대부분이다.

문화인류학은 18세기 후반 유럽에 팽배했던 계몽사상의 영향을 받았다. 19세기에 들어서는 발전한 과학과 실증주의를 바탕으로 이론적 기초가 마련되었다. 특히 글자로 기록되지 않은 민족 위주의 연구가 이루어졌는데, 이는 제국주의 열강이 성장하는 데 밑거름이 되는 안타까운 결과를 낳았다.

즉 어느 피지배 사회의 종교, 관습, 의례, 사회구조, 네트워크 작동 체계 등을 연구해 그 지역의 항구적인 지배를 위한 담론으로 이용되기도 했던 것이다. 이것은 해외 식민지나 제국을 경영해 보지 못한 우리나라에서 인류학이 비교적 늦게 도입되고 아직 크게 확산되지 못한 배경이기도 하다.

그러나 글로벌 무역으로 생존하는 우리에게 인류학은 다양한 지역과 시장에 대한 고객 중심의 방법론과 접근 훈련을 강조하기 때문에 새로운 미래 학문으로 자리잡아 가고 있다.

더욱이 최근에는 현재의 복잡하고 발달한 사회·문화를 과거와 비교하는 연구를 중요하게 여기고 있다. 여기에 정치, 경제, 종교, 예술, 언어, 윤리 등의 측면까지 포함해 포괄적인 연구가 이루어지고 있다. 그러므로 연구 영역은 문화진화론, 문화전파론, 문화사론, 문화영역론, 문화통합형태론, 문화기능론, 문화와 인격론, 문화구조론 등 다양한 분야로 확대되고 있다.

이르요론트 부족의 도끼

● ● ●

오스트레일리아의 북쪽 끝 케이프요크반도에는 이르요론트라는 부족이 살고 있었다. 콜맨강 어귀를 터전으로 삼고 있던 이 부족은 19세기 말까지 구석기 시대의 생활 방식대로 살았다. 농사를 짓지 않고 수렵·채집·사냥으로 생활을 꾸려 나갔으며, 개를 제외한 다른 가축은 키우지 않았다.

이르요론트 부족에게 가장 중요한 연장은 짧은 손잡이가 달린 돌도끼였다. 돌도끼는 일상생활에 두루두루 사용되었다. 불을 피우기 위한 땔감을 마련할 때, 둥근 모양 지붕의 집을 지을 때, 그늘용 차양을 만들 때, 동물을 잡거나 해체할 때, 과일을 따거나 채소를 캘 때 등 살아가는 데 꼭 필요한 도구였다.

돌도끼를 만드는 기술은 매우 단순해서 방법을 익힌 사람이라면 누구나 만들 수 있었다. 도끼머리 부분의 돌, 자루 부분의 나무, 이 둘을 연결하는 나무껍질과 고무풀 그리고 고무를 말랑하게 만드는 불과 연장으로 사용하는 조개껍데기 정도만 있으면 가능했다. 그런데 이 돌도끼를 만들고 소유할 수 있는 권한은 오직 성인 남자에게만 주어졌다. 성인 여자와 남자아이, 여자아이는 돌도끼가 필요할 때 성인 남자에게 빌려 사용하고는 돌려주어야만 했다.

돌도끼의 제작과 사용 권한은 남성우월주의의 상징이었고, 남성의 가치를 확인시켜 주는 요소였다. 콜맨강 근처에는 없는 도끼머리용 돌을 구하는 것에서부터 도끼를 만들고 대여하는 모든 행위는 남자 어른에서 남자아이에게로 전해졌다. 필요할 때마다 도끼를 빌려 쓰고 돌려주는 과정에서 여성은 남성에게 종속될 수밖에 없었다. 도끼 제조법을 배우면서 남자아이들 또한 남자 어른에 대한 순종과 존경을 강요당했다. 돌도끼 하나로 사회와 문화가 형성되었고, 위계질서가 잡혔던 것이다.

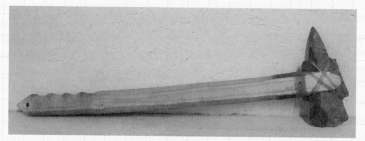

이르요론트 부족의 붕괴를 가져온 쇠도끼

이런 상황에 변화가 생기기 시작한 것은 쇠도끼의 등장이었다. 1915년부터 영국 성공회는 오스트레일리아 북부 지역에서 선교를 시작하면서 이르요론트 부족에게 쇠도끼를 나누어 주었다. 부활절이나 크리스마스 때 예배에 참석한 여성과 아이들은 선교사에게 쇠도끼를 받았고, 이는 부족 내로 퍼져나갔다.

쇠도끼를 가진 사람의 수가 늘어나자, 이르요론트 부족의 사회와 문화는 변화했다. 돌도끼를 만들지 않고 여성이나 어린아이에게 쇠도끼를 빌리는 남성이 늘어났고, 부족장을 비롯한 남자 어른의 지위와 지도력은 땅에 떨어졌다. 쇠도끼만 아니라 새로 유입된 물건을 도둑질하는 일도 늘어났고, 부족원끼리 다투는 경우도 잦아졌다. 이르요론트 부족의 자급자족 사회는 이렇게 무너졌다.

쇠도끼를 선물하면 부족들의 삶이 나아질 것이라 여긴 백인 선교사들의 기대는 정반대의 결과를 가져왔다. 이르요론트 부족은 쇠도끼의 보급 속도에 맞춰 자신들의 사고와 생활방식을 바꾸지 못했고, 이들의 문화와 질서는 붕괴하고 말았다.

이처럼 빠르게 변하는 물질문화에 미처 대응하지 못하는 비물질문화의 부조화를 '문화지체cultural lag'라고 한다. 이는 미국의 사회학자 오그번William Fielding Ogburn이 《사회변동론Social Change》에서 주장한 이론으로, 새로운 문물을 받아들일 때 나타나는 안정된 사회의 완고함, 적응 미숙으로 인한 냉담함·무관심에 대해 생각하게 만든다.

세상은 늘 변하지만, 변화에는 적응할 시간이 필요하다. 이를 미리 알았더라면 이르요론트 부족 사회는 어떻게 되었을까?

❷

문화인류학의
역사

19세기 이전, 대항해와 계몽사상

1492년 인도로 향하려던 콜럼버스의 실패한 모험심이 가져다
준 신대륙 발견과 1498년 바스코 다가마가 아프리카 희망봉을
돌아 인도 서부에 도착하는 항해에 성공한 이후, 글로벌 무역의
판도는 크게 바뀌었다. 중국과 오스만 제국이 장악하고 있던 무
역의 주도권은 유럽으로 넘어갔다.

이후 약 3세기 동안 정치적·경제적 이유만 아니라 종교적 목
적을 가진 유럽 여러 나라의 식민 지배 야욕이 아프리카는 물론
아메리카, 아시아와 태평양의 여러 섬까지 맹위를 떨쳤다.

포르투갈, 스페인, 영국, 네덜란드, 프랑스 등은 앞다투어 비유럽 지역에 식민지를 건설했고, 효과적인 통치와 통제를 위해 원주민에 관한 자료를 수집·정리했다. 이때 작성된 기록은 주로 기행문이었고, 유럽인의 시선에서 바라본 현지의 이상하고 낯선 문화에 관한 내용이 대부분이었다.

저자는 주로 탐험가나 관료, 선교사였다. 이 기행문은 원주민의 삶에 흥미를 느끼게 하는 수준의 유럽 우월주의 민족지였다. 때문에 오히려 선교사들이 개종을 위해 배웠던 현지 언어나 직접 경험한 원주민의 가치관과 생활 모습 등을 정리한 기록이, 비유럽 지역의 사상과 문화를 제공하는 주요한 역할을 했다.

17세기 후반부터 유럽은 계몽사상에 물들기 시작했다. 계몽사상enlightenment이란 지식이나 의식 수준이 떨어지는 사람들을 일깨워 낡고 모순된 제도를 개혁하고 인류를 발전하게 만든다는 사상이다. 계몽사상에서 중요하게 여긴 것은 이성의 힘이었다. 이성만이 편견과 무지 같은 개개인의 상황, 부패와 타락 등의 사회적 모순과 부조리를 개선할 수 있다고 보았다.

대표적인 계몽사상가로는 인간에게는 강력하고 억압적인 정부가 필요하다고 본 영국의 철학자 홉스Thomas Hobbes, 선한 자연상태로 돌아갈 것을 주장한 프랑스의 계몽사상가 루소Jean Jacques Rousseau, 인간을 환경과 여건에 좌지우지되는 백지상태로 규정한 영국의 철학자 로크John Locke 등이 있다.

계몽사상은 프랑스 대혁명과 미국의 독립에 영향을 끼쳤으며, 인간과 사회의 다양성에 관심을 가지게 하여 정치와 종교 같은 제도를 발전시켰다. 또한 인간과 문화에 관한 연구에 과학적 진보와 기술의 발전을 적용하는 사회과학적 접근을 시도했는데, 이는 19세기 사회진화론으로 연결되었다.

그러나 계몽주의는 지구촌을 '문명과 야만'으로 구분하면서 강대국의 식민 통치를 정당화하는 명분으로 남용되는 폐해를 낳기도 했다.

19세기, 문화인류학의 출발

19세기 초반에는 이성을 중시한 계몽사상에 대한 반발로 인간의 감정과 상상력을 중시하는 낭만주의romanticism가 두각을 나타냈다. 낭만주의 작품에는 자유주의와 민족주의를 대변한 것이 많았다. 이는 나폴레옹이 전 유럽에 전한 프랑스 대혁명의 자유 · 평등 · 박애 정신을 바탕으로 한 것이었다.

19세기 중반에는 현실을 중시하는 사실주의realism와 인간과 사회를 있는 그대로 받아들이는 자연주의naturalism가 팽배했다.

산업혁명 이후 등장한 부르주아와 노동자의 갈등, 노동자의 가난하고 고된 삶을 묘사한 작품이 많았고 당시의 불평등이 고스란히 드러냈다.

19세기 후반에는 사실주의와 자연주의에 대한 반발로 인상주의impressionism가 등장했다. 인상주의는 작가가 순간적으로 받은 인상을 집중해서 표현하는 것으로, 그림에서 시작해서 음악, 문학, 비평까지 광범위하게 퍼져 나갔다.

또한 과학과 기술의 발달을 중시한 실증주의positivism가 대두되었다. 프랑스의 철학자 콩트Auguste Comte에서 시작된 실증주의는 관찰이나 실험 등을 통해 객관적으로 검증된 지식만을 인정하는 경향을 보였다. 콩트는 인간을 연구 대상으로 하는 학문에도 과학적인 방법을 이용하는 객관적 연구가 이루어져야 한다고 주장했다. 이는 사회학sociology의 시초가 되었고, 접근 방법 면에서 문화인류학의 기반이 되었다.

스펜서의 사회진화론

대항해를 통해 비유럽 지역에 많은 식민지를 건설한 유럽인, 즉 백인은 정치 · 경제 · 종교 등은 물론이고, 각종 무기, 배, 기차 같은 운송 수단, 공장의 기계 같은 산업 기술 등 모든 면에서 자신들이 식민지 원주민보다 뛰어나다고 여겼다. 그렇기에 열등한 원주민에게 경제적으로나 정신적으로 나은 생활을 할 수 있도록 가르쳐 주는 것이 '백인의 의무white man's burden'라는 생각이 생겨났다.

이러한 사회 분위기를 학문적으로 확립한 사람이 바로 영국의 사회학자 스펜서Herbert Spencer였다. 자연과학에 관심이 많았던 그는 당시 유럽에 광범위하게 퍼져 있던 생물의 진화를 인간의 연구에 적용했고, 콩트의 실증주의를 바탕으로 철학·심리학·윤리학과 생물학·지질학 등을 종합해 영국 사회학의 초석을 마련했다.

스펜서는 영국의 생물학자이자 탐험가인 월리스Alfred Russel Wallace나 다윈Charles Darwin보다 먼저 생물학적 종의 진화를 주장했고, 이를 인간과 사회 그리고 문화에 적용했다. 그는 진화를 간단한 것에서 복잡한 것으로 나아가는 것이라 규정했다. 그렇기에 규모가 작은 사회보다는 큰 사회를, 단순한 사회보다는 복합적인 사회를, 미개한 비유럽 국가보다는 발달한 유럽 국가를 진화한 사회라고 보았다. 이러한 스펜서의 '사회진화론social darwinism'은 약자와 그들의 사회와 문화는 도태되고 강자와 그들의 사회와 문화는 강력해진다는 '적자생존survival of the fittest'을 기반으로 하고 있었다.

복잡한 진화의 최종단계에 있는 유럽, 즉 백인이 나서서 비유럽 국가를 식민지로 삼고 유색인인 원주민을 진화시키는 일은 꼭 필요한 것이며, 이 과정에서 원주민의 사회와 문화가 없어지는 것이 당연하다고 인식했다. 그러나 진화를 진보와 같은 것으로 보고 사회와 문화가 퇴보할 수도 있다는 것을 간과했다는 점, 제국주의 침략과 인종차별의 도구로 사용되었던 점에서 비판받았다.

모건 · 타일러의 진화주의

19세기 후반에 들어서면서 문화인류학의 이론적 기초가 마련되기 시작했다. 눈에 띄는 영향을 끼친 인물은 미국의 민속학자인 모건Lewis Henry Morgan과 영국의 인류학자인 타일러Sir Edward Burnett Tylor였다. 이들은 스펜서의 사회진화론을 바탕으로 현존하는 부족들을 조사해 선사 시대의 모습과 비교했다. 이 과정에서 몽테스키외Montesquieu와 같이 인류의 역사 단계를 야만-미개-문명으로 나누었다.

뉴욕주의 변호사였던 모건은 근처에 있던 이로쿼이 부족 공동체의 관습에 매료되어 아메리칸 원주민에 호의를 갖게 되었고, 이후 죽을 때까지 네이티브 아메리칸●의 권익을 위해 노력했다. 그는 이로쿼이 부족을 시작으로 오대호 연안의 치페와 부족, 대평원과 대초원의 네이티브 아메리칸 부족 등 여러 공동체를 방문해 조사했다.

모건은 네이티브 아메리칸 부족들의 친족제도, 특히 그들의 친족 명칭에 관한 연구에 집중해 인류 역사를 진화론적 입장에서 재구성했다. 현대사회에도 원시시대의 풍습과 관습이 남아 있다고 확신한 그는 인류의 역사는 낮은 야만 단계부터 문명까지 7단계를 거쳐 진화한다고 보았다. 그리고 인류는 같은 기원에서 출발했기에 사회와 문화의 발전도 경로가 같은 단선적인 과정을 거친다고 보았다. 모건에게 있어서 진화는 진보였다.

모건은 스펜서와는 달리 현지 조사에 진지하게 임했다. 조사에서 얻은 사실을 귀납적인 추론과 과학적인 방법으로 연구했다. 특히 기술의 변화가 물질적인 요소, 특히 생계 수단의 발전에 어떻게 작용하는지를 연구했는데, 이는《공산당 선언》을 쓴 마르크스Karl Marx와 엥겔스Friedrich Engels에게 영향을 끼쳤다.

타일러는 결핵을 치료하려고 떠난 여행 중 쿠바의 아바나에서

●콜럼버스가 자신이 발견한 신대륙이 인도라고 착각해 붙여진 인디언이란 잘못된 용어 대신 원래 그 대륙에 살던 원주민이란 의미의 '네이티브 아메리칸'이란 용어를 사용하기로 한다.

고고학자 헨리 크리스티Henry Christi를 만났다. 멕시코의 고대 톨텍 문화유적을 헨리와 함께 탐사한 후 다른 사회와 문화에 대한 흥미를 갖게 되었고, 현지 조사에서는 오랜 기간 머물며 관찰하는 것이 중요하다는 걸 알게 되었다.

타일러는 인간 사회와 역사, 문화를 진화의 측면에서 집대성해 《원시문화Primitive Culture》라는 책을 썼는데, 이 책에서 평형적이고 독립적인 진화를 강조했다. 모건과는 다르게 문명단계에 행복과 도덕성 증진을 포함했다.

인류는 심적으로 같아서 모든 문화는 똑같이 진화한다고 본 타일러가 특히 관심을 가진 분야는 원시종교였다. 그는 초기 믿음의 형태를 '애니미즘animism'이라 불렀는데, 애니미즘은 살아 있는 것뿐만 아니라 생명이 없는 것에도 전부 영과 혼이 있다고 믿는 것을 말한다. 타일러는 애니미즘에서 다신교로, 다신교에서 일신교로 종교가 진화했고, 마지막에는 과학이 종교의 자리를 대신할 것이라고 주장했다. 또한 문화는 사회의 법·도덕·종교·질서 등과 개개인의 지식·능력·습관까지를 포함한다고 규정했다.

자연과학의 연구 방법을 문화에 적용해 분류하고 비교한 후 문화의 진화법칙을 세우려 했던 타일러는 옥스퍼드 대학에 영국 최초의 인류학 교수로 부임했고, 미국 인류학에 총체적이고 통합적인 문화의 개념을 남겨주었다.

20세기, 문화인류학의 성장과 발전

20세기에 들어서면서 과학과 기술 발전에 대한 반향이 고개를 들기 시작했다. 물질적 · 산업적 풍요는 소수에게만 해당하는 것이고, 대다수는 여전히 빈곤과 결핍에 시달렸기 때문이다.

유럽, 즉 백인의 우월에 대한 의문이 제기되었고, 사회진화론의 폐해와 단점에 대한 불만이 터져 나왔다. 특히 진화론의 근거로 사용했던 민족지에 대한 비판이 이어졌다. 인류학자가 아닌 식민지 관료, 탐험가, 선교사 등이 현지 조사를 했고, 이들이 수집한 자료를 가지고 연역적으로 추론한 내용의 민족지를 작성했기 때문이었다. 게다가 진화론을 옹호하는 인류학자들은 대개 자민족 중심적이었으며 전파와 이주 등을 무시하는 이론을 일반화하는 경향을 보였다.

이에 대한 반발로 영국에서는 극단적 전파주의와 구조기능주의가 생겨났고, 오스트리아 · 독일에서는 역사적 전파주의가, 미국에서는 역사주의가 태동했다. 이 학파들의 노력으로 기존의 문화적 편견에서 벗어나 인간과 사회, 문화에 대해 다원적이고 상대적으로 접근할 발판이 마련되었다. 경험적 자료와 현지 조사에서 마련한 자료 등을 바탕으로 구체적 증거를 제시하는 민족지 작성도 이루어지기 시작했다.

두 번의 세계대전과 냉전으로 전 세계는 회의주의, 냉소주의, 무력감 등에 빠져 있었다. 대공황, 제국주의의 붕괴, 이념 분쟁, 농촌의 몰락과 도시화의 진행 등 정치·경제적으로 발생한 불가항력을 경험한 개개인은 위축될 수밖에 없었다. 사회 역시 과학과 기술의 발달이 가져온 여러 문제로 혼란스러웠다.

이런 까닭으로 국가나 사회 같은 공동체보다는 개인에 관한 관심이 높아졌다. 인식이나 판단의 기준이 개인에게 있다는 주관주의subjectivism가 자리를 잡았고, 이 영향을 받아 문화 내부의 관점에 의미를 두는 연구가 시도되었다. 이후 문화인류학은 이론적 분화가 이루어져 문화에 대해 다양한 관점의 연구가 이루어졌고, 사회과학의 한 분야로 확실하게 자리 잡았다.

보아스의 역사적 특수주의

독일 태생의 보아스Franz Boas는 바닷물 색깔에 관해 연구하던 자연과학자였는데, 1883년 북극해의 에스키모에 관한 조사에 참여한 것이 계기가 되어 문화인류학으로 전향했다.

그는 과학자답게 정확한 사실을 바탕으로 한 과학적인 방법을 인류학 연구에 도입할 것을 강조했고, 생물인류학, 언어학, 고고학 등으로 연구 영역을 확장했다. 또한 되도록 많은 자료를 수집해 총체적으로 연구해야 하며, 다양성과 다원성을 놓치지 말아야

프란츠 보아스
'현대 인류학의 선구자'이며 '미국 인류학의 아버지',
'현대 인류학의 아버지'로도 불린다.

한다고 주장했다.

보아스는 19세기 말에 만연했던 사회진화론과 인종차별을 비판하면서, 문화의 발전이 단선적이고 보편적으로 이루어졌다는 견해도 부정했다. 그는 모든 민족은 나름의 고유한 역사를 통해 문화를 형성하고 변화한나고 보았다. 각각의 민족은 서마다의 문화를 발전시킬 능력이 있는데, 이는 인종이나 지역 등이 아니라 이농 성로나 영양상태, 질병이나 풍습 능에 영향을 받는다는 것이다. 한 민족의 문화는 그 민족이 처한 특수한 역사적 배경과 상황에 의해 결정되므로 그 민족 고유의 문화 테두리 안에서 연구가 이루어져야 한다고 보았다. 이를 '역사적 특수주의particularism'라고 한다.

보아스는 문화란 역사가 빚어낸 결과물로, 민족마다 다른 양상을 보인다고 주장했다. 여기에서 자연환경, 역사적 배경, 사회적 맥락 등을 고려해 각각의 문화가 가진 가치와 의미를 인정하고 존중하는 태도인 '문화상대주의cultural relativism'가 파생했다.

말리노프스키 · 래드클리프 브라운의 기능주의

20세기 초반 영국에서 활동한 인류학자 말리노프스키와 래드클리프 브라운Alfred Reginald Radcliffe Brown은 문화인류학 형성 과정에 독보적인 업적을 남겼다. 이들은 기능주의를 지향하고 있었으나 접근 방식에서는 차이를 보였다. 영국에서는 비슷한 시기에 활동하지 않았지만, 1930년대에 말리노프스키는 미국의 예일 대학에서, 래드클리프 브라운은 미국의 시카고 대학에서 각각 가르쳤다.

보아스와 마찬가지로 자연과학을 공부하던 말리노프스키는 우연히 영국의 인류학자 프레이저Sir James George Frazer가 쓴《황금가지The Golden Bough》를 읽게 되었다.《황금가지》는 유럽 · 아프리카 · 멜라네시아 등에서 행해진 종교적 · 주술적 행위를 백과사전식으로 서술한 책으로, 1890년에 출간되었다. 이 책을 읽고 인류학에 매료된 말리노프스키는 자연과학을 포기하고 런던정치경제대학의 인류학과에 진학했다. 그리고 뉴기니의 마일루 부족 사회를 6개월 동안 현지 조사를 한 뒤 발표한 논문으로 인류학 박사 학위를 받았다.

이후 그는 뉴기니에서 가까운 트로브리안드 군도에서 현지 조사를 시행했다. 2년 넘는 기간 동안 말리노프스키는 그곳의 구성원으로 살면서 인간의 심리적 · 생물적 욕구를 사회문화적 제도가 어떻게 충족시키는지에 대해 연구했다.

그 결과, 제도란 인간의 기본적인 욕구에 대한 반응이고, 문화는 그 욕구를 충족시켜 주는 것이라고 정의했다. 또한 외부인인 연구자에게는 현지의 문화가 이상하고 어색하지만, 현지 사회의 맥락 안에서 접근하면 문화의 역할 파악이 가능하며, 모든 문화 요소에는 각각의 기능이 있다고 보았다. 그렇기에 사회는 제도와 문화가 적절한 기능을 하는 질서와 조직의 통합체라는 기능주의 functionalism의 입장을 견지했다.

말리노프스키의 트로브리안드 군도 연구 이후 현지 조사에는 현지 언어 습득, 체제 기간 최소 1년, 참여 관찰 필수라는 체계가 마련되었다. 이후 현지 조사는 문화인류학의 핵심 연구 방법으로, 인류학은 사회과학의 분과학문으로 자리 잡았다.

래드클리프 브라운은 프레이저보다는 뒤르켐Emile Durkheim의 영향을 더 받았다. 뒤르켐은 프랑스의 사회학자로, 사회문제를 과학적인 방법으로 접근 · 분석했고, 통계를 사용하는 실증론적 연구로 사회학의 기초를 확립했다. 래드클리프 브라운은 뒤르켐이 주장한 구조기능주의의 연장선상에서 인도양에 있는 안다만 제도를 현지 조사했다. 그는 집중적인 현지 조사를 지향했으나, 참여 관찰보다는 설문지 · 우편 · 전화 · 인터뷰 등을 통한 개괄적인 정보 수집 방법인 '서베이 조사'를 선호했다. 또한 말리노프스키처럼 현지 사회의 맥락 안에서 연구가 이루어져야 한다고 주장했다.

래드클리프 브라운은 이 연구를 통해 문화란 관찰할 수 없는 사회의 가치와 규범이라 정의했고, 사회구조의 개념과 원리를 비교·정리해 일반적이고 보편적인 법칙을 밝혔다. 이때 그는 조사 영역을 사회구조에 국한했는데, 사회구조를 개인과 같은 작은 단위가 결합해 이룬 것이라고 보았기 때문이다. 이렇듯 사회 전체의 구조를 지탱하기 위해 개인이 어떤 기능을 유지했는지에 초점을 두었던 그의 연구법을 '구조기능주의 structural functionalism'라고 부른다.

미국의 문화인류학과 영국의 사회인류학

20세기부터 지금까지 미국과 영국은 인류학의 양대 산맥이다. 그러나 인류학이 성장하는 시기에 나타난 지리적·정치적 차이로 인해 두 나라는 확실히 다른 연구 전통을 확립했다.

문화에 집중한 미국의 인류학은 문화인류학 cultural anthropology 이라 칭하고, 사회에 집중한 영국의 인류학을 사회인류학 social anthropology 이라 칭한 것에서 단적으로 드러난다. 그러나 제2차 세계대전 이후로 문화인류학과 사회인류학의 구분은 점차 모호해져 더 이상 큰 의미를 갖지 않는다.

미국의 문화인류학은 언어, 인성, 풍습, 관행, 가치관, 물질문화 등의 문화 요소가 주된 연구 과제였다. 이는 북아메리카 대륙의

원주민인 인디언 부족을 연구 대상으로 삼았던 데서 기인한 것으로, 수많은 인디언 부족의 삶과 문화 전반에 대한 조사와 민족지 작성이 이루어졌다.

문화는 고유의 역사를 통해 형성·변화했다고 보는 보아스를 시작으로 사피어Edward Sapir, 베니딕트Ruth Benedict, 미드Margaret Mead 등이 미국 문화인류학의 주류를 이루었다. 이들은 역사적인 자료를 기능주의적 방법으로 다루어 문화를 연구했는데, 문화와 인성의 연관성에 관심을 두었다. 특히 사피어는 언어적인 부분에, 베니딕트는 심리적인 부분에, 미드는 행동양식 부분에 중점을 두고 접근했다.

이 외에도 멕시코와 과테말라에서 현지 조사를 진행해 부족 사회와 도시의 관계를 규명해 부족 사회의 변동과 해체 모형을 제시한 레드필드Robert Redfield, 아프리카 대륙의 흑인에 관한 연구를 개척했으며 문화를 인문주의적이고 상대주의적으로 접근해 문화접변acculturation을 정의한 허스코비츠Melville Herskovits 등이 미국의 문화인류학을 이끌었다.

영국의 사회인류학은 사회 제도의 기능과 특징, 유지와 재생산을 조사·분석하는 연구가 주를 이루었다. 아프리카나 오세아니아를 시작으로, 제1차 세계대전 후 전 세계에 50여 개가 넘는 식민지를 갖게 된 영국은 효과적인 지배를 위해 식민 사회를 연구할 수밖에 없었다. 그렇기에 영국의 사회인류학은 식민통치의 도구화가 되었다는 끊임없는 논란에 휩싸였다.

영국의 사회인류학은 식민 부족 사회의 정치·경제만이 아니라 친족집단, 의례, 질서 등의 사회 제도를 연구하는 것에다가 타일러와 말리노프스키, 래드클리프 브라운의 진일보된 접근이 더해져 자리를 잡아갔다. 수단 남부의 아잔데 부족과 누에르 부족을 대상으로 현지 조사를 하는 등 아프리카 문화에 대한 역사적 접근을 중요하게 여긴 에반스-프리처드Sir Edward Evans-Pritchard, 말리노프스키의 심리·생물학적 기능주의를 비판하고, 사회구조의 기능이 아닌 사회의 변화와 갈등에 집중해야 한다고 주장한 리치Edmund Leach, 사회의 유지와 연대를 중요하게 여겨 문화 갈등과 아프리카 여러 부족의 정치체제를 연구한 글럭먼Max Gluckman, 마오리족과 오세아니아·동남아시아의 부족 등의 경제 조직과 종교·상징을 연구한 퍼스Sir Raymond Firth 등이 계보를 이었다.

기어츠의 상징인류학

기어츠Clifford James Geertz는 1950년대부터 시작된 인류학의 이론적 분화에 한 획을 그었다. 그는 문화를 상징과 기호로 쓰인 텍스트로 간주하고, 사회 속에서 문화가 갖는 의미와 역할에 관심을 기울였다. 기어츠가 문화를 텍스트라고 표현한 것은 문학 작품의 텍스트처럼 문화를 분석해야만 상징과 기호가 내포한 의미를 해석할 수 있다고 여겼기 때문이다. 그는 문화의 상징을 해석하는 것이 문화인류학의 역할이라고 믿었다.

또한 기어츠는 인간의 의미 추구를 중시했다. 이때 의미는 공적 맥락에서 존재하는 것으로, 행위가 내포한 의미를 역사 · 정치 · 경제 · 심리 · 미학 등의 복잡한 차원에서 분석하기 위해서는 '중층기술thick description'이 필요하다고 주장했다. 중층기술이란 인류학과 다른 학문 영역에서 인간행동을 대할 때 상황을 전혀 모르는 사람이라도 그 행동을 이해할 수 있도록, 행동뿐 아니라 문맥도 포함해 설명하는 것을 말한다.

중층기술은 해석의 객관성을 높였으며, 사회인류학과 문화인류학이 통합하는 계기가 되었다. 공적 의미에서 상징의 역할에 먼저 접근하며, 상징이 특정 사회를 이해하는 데 어떤 작용을 하는지 연구하는 상징인류학Symbolic anthropology은 기어츠의 해석을 만나 견고해졌다.

기어츠의 사상, 상징과 의미 해석에 대한 강조는 지금까지도 문화와 사회 연구에 영향력을 미치고 있다. 또 문화인류학뿐만 아니라 역사학, 문학 비평, 시각 문화 연구, 예술 등에도 큰 영향을 주었다.

우리나라 문화인류학의 역사

조선인류학회는 1946년 우리나라 최초로 결성된 인류학회로, 손석태, 나세진 등이 창립 멤버였다. 대한인류학회로 명칭을 바꾼 뒤에는 학회지 〈대한인류학회보〉를 7호까지 발행했고, 강연과 연구 발표를 활발하게 진행했다. 그러나 6 · 25 전쟁이 발발하면서 학회 활동은 중단될 수밖에 없었다.

휴전 후인 1958년 11월 19일, 한국문화에 대한 자료를 수집 · 보존하고, 다른 문화와의 비교 · 연구를 목적으로 한국문화인류학회가 창립되었다. 1968년부터 학회지인 〈한국문화인류학〉을 매년 발행하고 있으며, 학회 소식지 역시 1년에 4회씩 간행하고 있다. 다른 인류학연구회로는 1975년 창립한 서울대학교 인류학연구회, 1980년 창립한 영남대학교 문화인류학연구회, 1988년 창립한 한양대학교 민족학연구소 등이 있다.

초창기 우리나라의 문화인류학은 민속학적 경향이 강했다. 전통문화, 민간 전승, 무속과 관련한 신앙, 신화와 전설, 세시풍속 등의 의례와 놀이 등을 조사하고 연구했다. 그랬기에 다른 나라의 문화인류학 발달 과정에서 나타났던 진화주의, 역사적 특수주의, 기능주의, 상징인류학 등과 같은 흐름이 보이지는 않았지만, 한국 문화인류학 나름의 전통으로 자리잡았다.

1970년대에 들어서면서 민속학 위주의 연구에서 벗어나 경제·정치·종교 등과 문화인류학을 연관하는 연구가 이루어졌다. 1980년대에는 우리나라의 문화인류학자는 해외에서, 외국의 문화인류학자는 우리나라에서 현지 조사를 하는 등 전 세계적으로 활발한 교류가 이루어졌다.

1990년대에는 개방된 중국에서 많은 문화인류학자들이 현지 조사를 했으며, 중국과 인접한 동남아시아·인도 등으로도 조사 지역이 확대되었다.

2001년 9.11 테러 이후에는 이슬람 지역에 관한 문화인류학의 관심도 높아지고 있으며, 라틴 아메리카나 몽골-중앙아시아 지역 연구도 문화인류학의 범주 속에서 갈수록 확대되고 있다.

또한 젠더인류학, 역사인류학, 예술인류학, 의료인류학, 환경인류학 등 새로운 영역의 연구도 이루어졌다. 이를 바탕으로 우리나라에 맞는 체계적이고 심도 있는 연구추진, 이론과 연구 방법의 체계화, 전 세계의 문화인류학계와의 활발한 교류 등이 좀 더 필요하다.

왜 이슬람 사회는
돼지고기를 혐오하고 금기할까?

● ● ●

남태평양 뉴기니아의 마링족은 돼지를 가족처럼 대접하고 숭상한다. 이런 광신적인 돼지 숭배집단도 있지만, 유대교나 이슬람교 사회에서는 돼지 혐오 사상이 지배적이다. 왜 양질의 단백질을 공급하는 돼지고기를 먹지 않고 혐오하는 걸까? 단순히 종교적 이유 때문일까?

물론 《꾸란》에는 돼지가 잡식동물로 고기에는 병원균과 지방층이 많아 신성하지 않다는 율법적 판단이 기록되어 있다. 나아가 유목적 삶의 방식이나 생태조건을 보면 돼지는 엄청 불리하다. 끊임없이 이동해야 하는 일상에서 다리가 짧은 돼지는 이동에 장애가 되는 불편한 존재다. 몇달씩 저장이 가능한 낙타고기나 양고기와 달리 돼지고기는 빨리 부패해 버리기 때문에 재앙의 상징처럼 여겨졌다. 무엇보다 돼지는 출산하는 새끼가 많아 사람에게 잉여 젖을 제공하지 못하고 소나 양, 낙타가 주는 엄청난 유제품(치즈, 요구르트, 버터, 젖술, 유당 등)도 공급하지 못한다.

결국 돼지는 수송과 이동 기능, 식품 제공 능력, 털과 가죽 같은 생활 보조제품의 제공도 할 수 없는 존재다. 또 습기 없는 더운 환경에서는 사육이 힘들뿐만 아니라, 자칫하면 식중독 등의 문제를 일으킬 수 있기에 금기 문화가 생겨났던 것이다. 이처럼 같은 문화라도 지역과 종족에 따라 다른 해석과 수용이 나타날 수 있다. 이를 비교해 보는 것이 문화인류학 공부의 핵심이고 목표다.

끊임없이 이동해야 하는 유목민들에게 돼지는 많은 면에서 힘든 존재였기 때문에 금기 문화가 생겨났다.

3

문화인류학은
무엇을 탐구하고 연구할까?

인간과 문화, 언어와 상징

문화^{culture}를 사전에서 찾아보면 '자연 상태에서 벗어나 일정한 목적 또는 생활 이상을 실현하고자 사회 구성원에 의해 습득·공유·전달되는 행동 양식과 생활 양식 그리고 그 과정에서 얻은 물질적·정신적인 모든 걸 통틀어 이르는 말'이라고 나온다. 즉 문화란 개개인이 처한 자연환경, 풍토, 역사, 사회 상황에 따라 형성된 산물이라고 할 수 있다. 더욱 쉽게 설명하면 '문화란 한 공동체 구성원들이 갖게 되는 집단 기억이며 정신과 물질을 포괄하는 삶의 총체적 모습'이다.

문화인류학에서는 물질적인 부분보다는 정신적인 부분에 치중해 문화를 연구한다. 문화를 개인이 속한 집단이 공유하고 있는 가치나 신념이라고 보거나 다른 문화를 받아들여 새롭게 생성·발전시키는 것이라 보기 때문이다. 대부분의 사람들은 자신이 처한 환경이나 관심사에 따라 어떤 정보는 적극적으로 받아들이지만, 관심 밖의 정보는 차단하는 태도를 보인다. 관심이 있는 게임 종류나 캐릭터, 게임을 하는 법 등은 자세히 알고 있지만 정치나 경제 관련 기사는 아예 보지 않는다든지, 흥미로운 웹툰이나 웹소설은 찾아보지만 인문서적이나 과학서적은 전혀 읽지 않는 모습이 대표적인 예라 할 수 있다. 죽을 때까지 이어지는 이러한 지각의 패턴은 문화 형성에 중요한 역할을 담당한다.

또한 문화는 인간과 유인원·동물을 구분하는 기준이 되기도 한다. 손과 도구의 사용은 유인원이나 동물도 가능하지만, 언어와 상징을 이해하고 사용하는 것은 인간 고유의 영역이기 때문이다.

영국의 동물 행동학자인 제인 구달Jane Goodall은 오랫동안 침팬지를 관찰한 후 침팬지가 인간처럼 나뭇가지를 도구로 이용해 흰개미를 잡아먹는다는 것을 밝혔다. 그녀의 연구를 지원했던 인류학자 루이스 리키Louis Leakey는 이를 근거로, 도구 사용 여부로 인류와 유인원을 나누는 이론은 수정되어야 한다고 주장했다. 결국 인간을 인간답게 만들어 준 것은 상징 symbol이 뒷받침되어 만들어진 문화다. 도구를 사용해 자연을 정복한 인간은 종교의식과 위계질서, 예술활동을 통해 상징을 공고히 했고, 언어와 의사소통을 통해 상징이 문화를 형성한다는 것을 증명했다.

인간은 있는 그대로 보는 게 아니라 배운 대로 보는 문화적 관습을 갖고 있다. 그렇기에 한 사회의 문화와 규칙을 익히고 지키는 '문화화'는 태어나면서 시작된다. 아니, 이미 엄마 뱃속에서부터 시작된다고 보아야 할 것이다. 인간이 자기가 속한 사회의 독특하고 고유한 문화를 사회적 상호작용을 통해 배우고 이를 내면화하는 과정은 죽을 때까지 이루어진다. 결국 문화화는 '사회화'라고 할 수 있는데, 사람들 대부분은 자기 자신이 사회화의 산물이라는 걸 인식하지 못한다. 물론 인간이 태생적으로 갖고 있는 본능이나 성향 같은 유전자적인 특성을 부정할 수는 없지만, 교육되고 길들여진 사회화나 문화화가 훨씬 인간의 행동양식에 큰 영향을 끼친다는 것을 의미한다.

러디어드 키플링 Rudyard Kipling의 《정글북》에는 정글에서 늑대에 의해 키워진 모글리가 정글이 아닌 인간 사회에 와서 활약하는 모습이 나온다. 그러나 실제로 이런 일은 불가능하다. 사회화과정을 거치지 않으면 인간으로 살아갈 수 없기 때문이다. 1920년 인도에서 발견된 늑대와 살고 있던 아이들이나 2001년 칠레에서 발견된 들개와 함께 살고 있던 소년이 인간 사회에 적응하지 못하는 모습은 문화화가 얼마나 중요한지를 보여준다.

문제는 문화화 과정에서 자기 문화에 대한 우월감이 자연스럽게 높아져 비판 없이 수용하는 경우가 다반사라는 점이다. 또한 너무 익숙한 나머지 사회 전반에 퍼져 있는 문화에 무관심하다. 그렇기에 자기 문화의 가치와 습관을 기준으로 다른 문화를 평가하고 부정적으로 바라보며 자기 문화보다 못하다고 비하하는 태도를 보이기 쉽다. 이를 '자문화중심주의Ethnocentrism'라고 한다.

같은 문화를 가진 사회 안에서의 자문화중심주의는 결속력과 정체성 확립에 도움을 주지만, 자칫 잘못하면 민족이나 인종 간의 갈등을 유발하고 배타성과 폐쇄성으로 인한 고립을 가져올 수 있다.

흔히 신대륙 발견이라 표현하는 유럽의 신항로 개척은 자문화중심주의의 대표적인 예이다. 당시 아메리카 대륙에는 뛰어난 문명사회를 이룬 원주민들이 살고 있었는데, 유럽 사람들은 생김새가 자신들과 다르다고 무시하고 문화가 유럽과 다르다는 이유로 폄훼했다. 또한 자신들의 종교로 개종할 것을 강요했다. 이미 사람이 살고 있던 대륙에 쳐들어간 것을 아무도 살고 있지 않은 새로운 대륙을 발견한 것처럼 표현한 데서도 자문화중심주의의 비뚤어진 우월감이 나타난다. 자문화중심주의와 맥락을 같이하는 또 다른 형태는 서구의 우월주의를 깔고 있는 유럽중심주의나 주변 국가를 오랑캐로 정의하는 '중화中華사상'이다.

이러한 자문화중심주의에서 벗어나기 위해서는 문화상대주의의 태도를 가져야 한다. '문화상대주의cultural relativism'는 자신의 문화가 절대적이거나 우월하지 않다는 성찰과 비판에서 출발해, 전 세계에 존재하는 다양한 문화를 그 나름의 독특한 자연환경과 생활환경, 역사적 · 사회적 시각과 연관해 바라보는 것이다. 모든 문화는 그 문화만이 가지고 있는 고유한 색깔과 향기가 있기 때문이다. 이처럼 다른 문화의 고유성을 존중하고 인정할 때 자기 문화 역시 제대로 바라볼 수 있게 된다. 인류학자들이 현지 조사를 떠나는 이유도 여기에 있다.

그러나 문화상대주의라고 해서 모든 문화를 무조건 존중하고 인정하지는 않는다. 비문화적이고 비인간적인 행위에 대해서는 과감히 비판할 줄 알아야 한다. 한때 지구촌 일부 지역에서는 종교적 의례나 관습 때문에 근친상간, 식인풍습, 고문의식, 여성 할례 등이 벌어졌다. 이중 여성 할례는 여성의 생식기 일부 혹은 전부를 제거하는 행위다. 여성의 혼전순결 유지, 성적 욕구 억제 등의 목적으로 본인의 의사와 상관없이 강제로 시행되었다는 점에서 심각한 인권침해라 할 수 있다.

정리하면 문화상대주의는 한 사회의 문화를 잘 이해하는 좋은

채널이자 관점이기는 하지만, 모든 것이 수용될 수 있는 온전한 태도는 아니다. 문화상대주의에서 얻어진 문화적 행위나 관습 등은 반드시 인류의 보편가치라는 틀 속에서 검증되고 비판받아야 한다.

성과 문화, 차이와 차별

인간은 두 종류이다. 여성과 남성으로 나뉜다. 생물학적으로 나뉜 성은 여성과 남성뿐이다. 요즘은 거의 사용하지 않는 '남녀칠세부동석男女七歲不同席'은 남녀의 차이에 대한 우리 조상들의 인식이 어떠했는지를 잘 보여준다. 남녀는 7세만 되어도 같은 자리에 있지 않아야 한다는 이 말은 유교가 나라의 정신으로 자리잡은 조선 시대에 나온 사고다. 이렇듯 역할이나 외모, 기질뿐만 아니라 음양의 질서라 여기던 성적 욕망까지 성별에 따라 나누었던 사회질서는 문화로 자리 잡아 21세기인 지금에도 잔존하고 있다.

여성과 남성의 가장 큰 생물학적 차이는 임신과 포유다. 신의 영역을 뛰어넘는 경이로운 의학의 발전이 이루어지지 않는 한 아이를 뱃속에 품고 낳고 젖을 먹이는 역할은 여성만이 할 수 있

수렵채집사회의 모습
자연에 지배를 받고 자연에 의지할 수밖에 없었던
수렵채집사회와 원시농경사회에서는
여성과 남성의 역할 차이가 뚜렷하지 않았던 것으로 추정된다.

다. 그러나 이 확연한 차이로 인해 여성이 출산과 육아를 담당하고 남성이 가계 경제를 담당하게 된 건 아니다. 남성과 여성의 역할은 타고난 신체적인 생김새나 겉모양이 아니라 문화화의 과정을 거쳐 사회가 원하는 모습으로 변하면서 차이가 생겼다. 이러한 차이는 각각의 사회가 처한 환경적·경제적 조건에 따라 조금씩 다르기는 하지만, 사회의 진화에 따라 일정한 경향을 보인다.

자연의 지배를 많이 받고 자연에 의지할 수밖에 없었던 수렵채집사회와 원시농경사회에서는 여성과 남성의 역할 차이가 뚜렷하지 않았던 것으로 추정된다. 변화무쌍한 자연조건과 전쟁 등의 변수에 따라 남녀의 생계 활동 참여가 달라지고, 이성에 대한 의존도가 달라졌기 때문이다.

집약농경사회와 목축사회에서부터 남녀 역할의 차이가 뚜렷해지고, 예외 없이 남성들이 권력을 쥐기 시작했다. 대규모의 농지에서 가능한 노동력을 전부 동원해 이루어지는 농사 짓기나 계절에 따라 정해진 곳으로 소 떼나 양 떼를 몰고 이동하는 유목의 경우 남성의 힘을 더 필요로 했다. 자연스럽게 여성은 가정의 영역에서, 남성은 공적 영역에서 자리를 잡았고, 이러한 성별 분업은 남녀 구별로 이어졌다. 공적 영역에서 힘을 축적한 남성의 혈통을 잇는 대가족제도가 뿌리를 내렸고, 소년들에게 남성다움을 요구했다.

도시와 국가가 출현하면서 남녀 구별은 심화되었다. 여성의 활동 영역은 가정으로 한정되었고, 온순하고 순종적인 성격과 태도를 강요받았다. 남성은 지배욕과 정복욕이 강하고 가부장적인 태도로 가정 경제와 가족의 안위를 책임져야만 했다. 성, 신분, 나이를 뛰어넘는 역할 수행은 상상할 수 없었다.

이러한 양상은 산업사회가 되면서 달라졌다. 세분화하고 전문화한 산업사회에서 살아남으려면 신분이나 성별에 따른 역할보다는 개인의 능력이 중요해졌기 때문이다. 여성도 자신의 성품이나 소질, 실력에 맞게 교육을 받거나 취직할 수 있었다. 그러나 대가족제도 대신 등장한 핵가족 형태의 가정에서도 남녀 구별은 여전히 유지되었다.

노동자가 된 남성은 가장으로 가정 경제를 책임지고, 가정주부로 자리매김한 여성은 가장을 보조하며 자녀를 양육했다. 남녀 구별이 줄어들었어도 남성이 가진 권력은 유효했기에 여성은 사회적 약자였고 차별의 대상이었다. 특히 직장 일과 집안일을 동시에 하는 여성의 경우 직장에서는 남성에 버금가는 역할을, 가정에서는 여성성에 부합하는 역할을 해내야만 했다.

20세기에 들어서는 두 차례의 세계대전으로 인해 부족해진 남성 노동력을 채우고자 여성의 사회 진출이 활발해졌다. 이때부터 여성에게 요구되었던 이중적인 성 역할이 사라지기 시작했다. 여성들은 직장과 가정에서 자기 모습을 그대로 드러냈으며, 여성 스스로 자기 정체성을 규정하기에 이르렀다.

여성과 남성의 또 다른 생물학적 차이는 월경이다. 월경은 임신을 위해 두꺼워졌던 자궁점막이 저절로 떨어져 몸 밖으로 배출되는 출혈을 말한다. 월경 때 나오는 피는 임신을 유지하기 위한 것이어서 몸에서 가장 깨끗하고 영양분이 많다. 그럼에도 월경의 피는 오랫동안 더럽고 부정하다는 취급을 받아왔다. 인류 사회의 주도권을 장악하고 있던 남성이 월경의 피는 침, 땀, 오줌 등 몸에서 나오는 액체와 마찬가지로 더럽고 부정하다고 보았기 때문이다. 또 피 자체가 가지고 있는 부정적인 이미지, 즉 살해나 희생의 공포를 월경의 피에 고스란히 적용하기도 했다. 생명을 잉태하는 임신, 인류의 생존을 좌지우지하는 임신은 여성만이 가능한 것인데, 이를 두려워하고 질투한 남성이 월경의 피에 대해 부정적인 이미지를 부여했다는 주장이 황당하지만은 않다. 자신들의 권력과 권위를 여성에게 빼앗길 수 없어서 생물학적 차이를 차별의 발판으로 사용했다고 여겨지기 때문이다.

그러나 여성과 남성의 역할은 생물학적 차이보다는 그들이 속한 사회와 환경, 즉 문화에 따라 달라진다. 인류학자이자 교육사회운동가인 마거릿 미드Margaret Mead는 남태평양 뉴기니의 세 부족을 현지 조사해 이 사실을 명쾌하게 밝혀냈다. 그녀의 책《세 원시사회의 성과 기질Sex and Temperament in Three Primitive Society》에서는 같은 생산 방식을 갖고 있던 세 부족이 남녀의 정체성과 역할 등에 대해서는 각기 다른 양상을 보이고 있음을 밝혔다.

여성과 남성의 인성은 비슷하다고 여기는 아라페시Arapesh 부족은 여성과 남성이 별반 다르지 않다고 여겼다. 이들은 비공격적이고 폭력을 싫어하며, 상대를 배려하고 존중할 줄 알며, 부드럽고 순한 성향을 선호했다. 반면 먼두구모르Mundugumor 부족은 여성과 남성 모두 공격적이고 강한 성향을 보였다. 먼두구모르 부족이 보기에는 아라페시 부족이 말하는 매력적인 성향은 사실 나약한 것이며, 무자비하고 독립적인 성품이 바람직하다고 여겼다.

이 두 부족과 달리 챔블리Chambuli 부족은 여성과 남성의 차이를 인정했다. 그런데 여성은 일을 추진하고 경영하는 것에 능하다고 여겨서 공적 영역에서 주로 활동했고, 남성은 의존적 성향으로 책임감이 약하기에 화려하게 치장하여 여성의 관심을 받으려 노력했다. 우리가 일반적으로 생각하는 여성과 남성의 역할과는 큰 차이를 보였다.

미드는 이 연구를 통해 여성과 남성의 역할은 생물학적으로 주어진 게 아니라 문화화 또는 사회화를 거치면서 형성되는 것임을 얘기하고자 했다. 흔히 남성다움이라고 알고 있는 공격적이고 객관적이며 추진력과 지배력이 강한 기질이나, 여성다움이라고 알고 있는 수동적이고 민감하며 온순하고 연약한 기질 모두문화의 산물이라는 것이다.

21세기에 들어서면서 여성과 남성의 역할은 희석되어 유니섹스화되어 가는 경향을 보인다. 여성과 남성은 생물학적 차이일뿐 성향과 개성은 존중되어야 한다는 사고가 확산하는 추세다.

최근에는 사회적 진화와 다양성의 확대로 남녀 둘로 나누어진 성 구분에 해당되지 않는 복합적 젠더 개념도 등장하고 있다. 성 소수자나 트랜스 젠더 문제다. 유럽을 중심으로 성 소수자의인권과 다양성을 인정하는 추세가 갈수록 확산되고 있는데 이는인류학의 새로운 연구 분야다.

남녀의 차이가 구별을 만들었다가 차별을 거쳐 평등으로 바뀐과정을 볼 때 남녀의 역할은 시대와 사회에 따라 변하는 상대적인 문화 현상이었다. 그러기에 지금부터는 남녀가 아닌 인간 대인간으로 서로를 대하고, 소통하며 보완하고 보살피는 관계가 되도록 노력해야 하지 않을까.

경제와 문화, 교환과 소유

경제란 인간이 생활하며 필요로 하는 물건이나 서비스를 생산·분배·소비하는 모든 활동과 이러한 활동으로 이루어지는 사회적 관계를 말한다. 세상을 경영하여 백성을 구한다는 경세제민經世濟民의 준말인 경제의 기본은 '주고받는' 데 있다. 물건을 주고받든, 돈과 물건을 주고받든, 돈과 서비스를 주고받든 뭔가를 주고받는다. 돈을 내고 영화를 보거나 그림을 감상하는 것, 급식으로 나온 반찬을 바꿔 먹는 것, 재능 기부나 자원봉사를 하고 뿌듯함과 보람을 느끼는 것, 책을 읽거나 드라마를 보면서 공감하는 것 등, 이 모든 것이 넓은 의미에서 경제이고 교환이다.

흔히 교환이라고 하면 물물교환을 가장 먼저 떠올린다. 물물교환은 경제의 첫걸음이라 할 수 있는데, 자급자족 생활에서 한 단계 발전한 모습이다. 인류의 경제활동은 필요한 물건이나 식량 등을 직접 생산해 소비하던 자급자족에서 시작했다. 여러 기술의 발전은 생산성의 향상을 가져왔고, 자급자족을 넘어 생산품이 남는 잉여의 단계에 이르자 인류는 교환을 생각했다.

처음에는 다른 사람이 가진 물건 중 자신에게 필요한 물건을 자신의 잉여품과 교환했다. 농사를 짓는 사람들은 쌀을 소금으로 바닷가에 사는 사람들과 물물교환했고, 벌목을 하는 사람들은 나무를 도끼로 대장장이와 물물교환했다. 그런데 물물교환에는 몇 가지 문제점이 있다.

첫째, 물물교환의 욕구가 일치해야 한다. 자신이 가진 물건이 필요한 상대를 찾아야 하고, 그 상대의 잉여품이 자신이 필요한 것이어야만 물물교환이 가능하기 때문이다. 문제는 이러한 욕망의 '이중적 일치double coincidence of wants'가 쉽지 않다는 데 있다.

둘째, 가격에 대해 이견이 생길 확률이 높다. 물품에 대한 적정 가치가 서로 다르기 때문이다. 농부는 밀 한 섬에 새끼 양 한 마리가 타당하다고 여기고, 목동은 밀 반 섬이면 충분하다고 여길 때 물물교환은 불가능해진다.

셋째, 교환해야 할 물건의 크기와 무게, 유통 기간이 너무 다양하다. 더운 여름날에는 금방 상하는 물고기를 유통하기가 어렵고, 돌이나 나무는 무거워 운반하는 데 문제점이 발생한다.

물물교환의 문제점을 극복하고자 소금, 면포, 쌀, 조개껍데기 등의 실물화폐가 등장했다. 여기서 한 단계 더 나아가 동전이나 종이돈 같은 화폐가 교환에 사용되면서 물물교환은 퇴색하고 시장교환이 활성화되었다.

시장교환은 시장에서 서로에게 이득이 된다고 판단한 수요와 공급에 따라 정해진 가격으로 물건을 교환하는 것을 말한다. 이러한 시장교환의 중심에는 모든 물건과 서비스의 가치를 평가하

는 유일한 척도인 '화폐'가 있다. 그렇기에 영리적이고 비인격적인 교환이 이루어질 수밖에 없고, 예술적·미적·도덕적·문화적인 부분까지 상품화하는 결과를 초래했다.

사람들 대부분은 자신에게 필요한 물건을 시장에서 적절한 가격으로 구매·소비한다고 여긴다. 맥시멈 라이프를 지향하는 사람은 흔하지 않다. 대개 스스로 실용적인 소비를 하는 합리적 소비자라 인식하고 있다. 그러나 물건은 필수품과 사치품으로 나뉘고, 어떤 물건이 필수품이고 어떤 물건이 사치품인지는 다분히 문화적이고 사적인 기준에 의해 결정된다. 소비는 물건이 지니는 심리적·사회적·문화적 가치와 밀접한 연관이 있기 때문이다.

1960년대에는 선물 세트로 만들어질 정도로 귀한 대접을 받았던 백설탕이 지금은 기피 대상 1호가 되었다. 1970년대에 사치품으로 분류되었던 텔레비전, 냉장고, 전자레인지 등이 지금은 필수품이고, 부의 상징이었던 집 전화는 휴대전화에 밀려 사라지고 있다. 반면 언제 어디서나 쉽게 공짜로 먹을 수 있었던 물은 돈을 내고 사 먹는 것이 당연해졌고, 쇼핑 후 무상으로 제공되던 비닐백이나 쇼핑백은 구매해야 하는 상황이 되었다.

결국 한 사회 안에서의 소비는 필수품과 사치품이 지니는 위상에 따라 문화적인 의미가 달라지고, 차별화, 모방, 유행 같은 메커니즘을 통해 소유와 연결된다. 여기에는 부, 학력, 신분 등의 차이, 성향과 취향도 한몫한다.

교환에는 물물교환과 시장교환만이 아니라 선물교환도 있다. '선물'이란 다른 사람에게 자발적으로 물건을 선사하는 행위 또는 그 물건을 말한다. 대가나 보상을 바라지 않기에 선물은 순수함을 갖고 있다고 여긴다.

그런데 프랑스의 사회학자 마르셀 모스Marcel Mauss는 자신의 논문인 〈증여론The Gift〉에서 겉으로 보기에는 자유롭고 대가나 보상을 바라지 않는 것처럼 보이는 선물이 실상은 강제적이고 이해타산적이라고 주장했다. 그렇기에 선물교환은 줄 의무, 받을 의무, 되갚을 의무가 순환하는 과정을 반복하는 것으로, 이때의 교환은 경제적인 문제가 아닌 의무적인 '호혜성'을 가지고 있다고 보았다. 호혜성의 사전적 의미는 '서로 혜택을 누리게 되는 성질'이지만, 인류학에서의 호혜성은 의미가 깊고 복잡하다.

모스는 북아메리카 인디언 부족 간에 서로 구리방패나 모포를 선물하는 '포틀래치potlatch', 남태평양 멜라네시아의 여러 부족 사이에 조개팔찌와 목걸이를 주고받았던 '쿨라kula'를 예로 들면서 호혜적 선물교환의 도덕적 강제성, 사회적 유대와 체면이 선물의 순수함을 퇴색시켰다고 주장했다. 그러나 호혜적·의무적 선물교환은 사회 안에서의 관계 인정을 넘어 종교적·영적 관계로 발전한다고 보았다. 뉴질랜드 마오리 부족의 '하우hau', 즉 혼의 개념을 적용한 선물은 물건과 인격이 결합한 것이며 주고받는 사람들 사이에는 선물을 매개로 작용한 영적 관계가 형성된다고 규정했다.

품앗이는 이러한 호혜적 선물교환의 우리나라 버전이다. '품앗이'는 노동력을 뜻하는 '품'과 교환을 뜻하는 '앗이'가 결합한 순수한 우리말로, 일을 서로 거들어 주어 품을 지고 갚는 과정에서 주는 행위, 받는 행위, 되갚는 행위가 모두 이루어진다. 품앗이는 가래질, 모내기, 김매기, 추수, 풀 베기 등 같은 농사일부터 혼례나 장례 때 부조금과 노동력을 주고받는 것, 김장을 함께하고 나누는 것 등까지 규모가 작고 단순한 작업에서 한 가족의 부족한 노동력을 다른 가족들의 노동력으로 채우고 갚는 형태로 운영되었다. 이때 예禮와 정情은 가족·이웃 간에 인간관계가 형성되고 유지되는 데 필요한 영적·정신적 요소였다.

경제는 '교환'과 '소유'라는 문화다. 교환의 기본법칙은 자신이 소유하고 싶은 것을 상대에게 주는 것이다. 한 걸음 더 나아가 소유하고 있던 것을 줄 수도 있어야 한다. 화폐로 살 수 없는 것을 교환할 수 있는 세상이 된다면, 기꺼이 주고받을 수 있다면 다 함께 행복하게 사는 사회가 될 것이다.

정치와 문화, 권력과 지도자

정치의 한자어는 정사 정政, 다스릴 치治, 즉 '나랏일을 다스린 다'는 의미다. 영어로는 politics라고 하는데, 도시 · 국가를 의미하는 그리스어인 polis에서 유래했다. 도시가 각각의 국가였던 고대 그리스에서 폴리스는 정치이고, 정치는 국가의 업무를 의미했다. 당대 최고의 철학자라 손꼽혔던 아리스토텔레스Aristoteles가 인간은 정치 공동체인 폴리스를 떠나 살 수 없으며, 공적인 영역에 참여하는 것이 최고의 행복이라고 할 정도로 고대 그리스 남성에게 있어서 정치는 중요한 특권이자 권력이었다.

오늘날 사람들 대부분은 정치를 국가의 권력을 획득하고 유지하며 행사하는 활동으로 생각한다. 정치인이 갈등과 분쟁을 일삼는 것은 권력 획득을 위해 필요한 것이라고 치부한다. 그러나 정치는 한 나라의 국민이 인간답게 살 수 있도록 서로의 이해를 조정하고, 분쟁을 해결하며, 사회 질서를 바로잡는 등의 역할을 해야 한다.

정치는 공동체적인 삶의 영위를 위해 꼭 필요하기에 국회의원이나 대통령 같은 정치인이 국정과 관련된 활동을 한다는 좁은 의미와, 사회에서 발생하는 갈등이나 분쟁을 해결한다는 넓은 의미 모두를 포함한다. 인간은 누구나 자기 마음대로 하고 싶어

아테네 학당
고대 그리스 남성에게는
정치가 중요한 특권이자 권력이었다.

하는 본능을 갖고 있다. 이로 인해 다양하고 개성이 강한 사람들이 모여 사는 사회에는 수많은 갈등이 발생한다. 이때 정치가 개개인의 욕구를 조정하고 통제하며, 견해 차이나 분쟁을 해결하는 역할을 한다.

지금은 많이 퇴색했지만 몇십 년 전까지만 해도 부모가 정해 주는 사람과 결혼하는 경우가 다반사였다. 인류 역사를 살펴보아도 결혼은 개인과 개인의 관계가 아닌 집단과 집단의 결합을 뜻했다. 그렇기에 두 집단이 결혼을 통해 혈연관계를 맺는 것은 가장 쉬운 갈등과 분쟁의 해결법이었다. 이렇게 생겨난 동맹 관계는 결혼을 유지하는 한 지속되었다. 그러나 등을 돌리는 순간, 동지에서 적이 되는 대립관계로 돌변하는 한계를 가지고 있었다.

사람들은 이러한 분쟁과 갈등을 중재하고 동맹과 대립을 조절하는 무언가를 원했다. 국가가 출현하기 전에는 부족장이나 추장 같은 지도자를 원했고, 국가의 등장 이후에는 왕이나 대통령, 수상 등이 이 역할을 해 주기를 바랐다. 선천적으로 자격을 부여받았든, 선출이나 성취로 획득했든 간에 지도자나 대표자에게는 권력이 주어진다. '권력'은 다른 사람을 강제하거나 복종·지배할 수 있는 공적인 권리, 사회의 행태를 좌우할 수 있는 제도화된 능력을 말한다.

자신이 속한 사회를 편안하고 정의로운 공간으로 만들기 위해서는 행정·사법 체제 등을 마련해야 하고 각 지위와 직책에 맞는 객관적이고 법적인 뒷받침이 동반되어야 한다. 그래야만 권력을 가진 사람이 바뀌어도 별다른 혼란 없이 사회나 국가가 유지된다. 권력은 이러한 지속성 외에 국민이 권위를 인정하고 자발적으로 차등적 권력분배를 받아들인다는 정당성, 직권 남용을 방지하는 법적제재가 존재한다는 합법성을 가지고 있다. 때때로 마르크스가 말한 것처럼 특정 지도자에게 세속적인 권력이 초자연적인 것으로 가장되는 신성화가 이루어지기도 한다. 독재국가일수록 이 신성화 작업이 활발히 진행된다.

권력의 매력과 유혹은 상상을 초월하는 것이라서 권위와 밀접하게 연관될 수밖에 없다. '권위'란 다른 사람이 자발적으로 복종과 추종을 하게끔 지휘하거나 통솔하는 힘 또는 영향력을 말한다.

독일의 사회학자 막스 베버Max Weber는 이러한 권위를 세 가지로 나누었다. 일상적이거나 평범하지 않은, 특별한 사건을 해결하는 초월적인 힘을 가진 '카리스마적 권위', 한 사회와 문화 안에 전해 내려오는 전통에 따라 지배자가 권위를 얻는 '전통적 권위', 법률이 인정하는 범위 안에서 집행이 가능한 '합법적 권위'가 그것이다.

위엄이라 불리기도 하는 권위는 감정적·심리적 측면이 강해서 권력과 반드시 일치하지는 않는다. 실질적인 지위와 권력을 가졌어도 권위가 없는 지도자가 있는 반면에, 권력을 가지지 않았어도 인품과 능력으로 사회에 영향력을 끼치는 권위를 가진 사람도 있다. 그렇지만 권력과 권위를 함께 취급하는 경우가 다반사다.

선사시대부터 오늘에 이르기까지 사회 안에 지도자는 항상 존재해 왔다. 정치나 국가에 대한 개념이 희박했던 원시사회만이 아니라 사회의 규모가 커지고 인권 의식이 향상된 현대에도 사람들은 지도자에 대해서는 불평등을 감수한다.

우리나라에서 시행하고 있는 대통령제 역시 이러한 불평등을 토대로 하고 있다. 이론상 국민의 일꾼이라는 대통령에게 주어진 차등적 권력을 평등과 이상을 실현하는 도구라 여기며 당연하게 받아들인다. 그렇기에 혈통, 남자, 장자, 장남 등 특별한 자격을 가진 사람만이 지도자가 될 수 있다고 여겼던 시대에는 이들에게 주어진 권력이 막강했다.

가지고 있는 능력보다는 타고난 신분과 자격에 따라 지도자의 지위를 부여받은 사람을 '추장chief형 지도자'라고 한다. 추장형 지도자는 조선시대처럼 장자 승계를 원칙으로 하는 경우가 대부분이지만, 간혹 능력 있는 후계자를 선정해 양위하기도 한다. 추장형 지도자는 능력에 대한 공식적인 검증이 이루어지지 않아 무능 여부를 가리기가 어려워서 소속 집단이나 사회의 반발을

사기도 한다. 능력 없는 창업주의 자식이 기업을 승계해 분란과 잡음을 일으키는 경우가 대표적인 예이다.

이와 반대로 개인의 능력과 성취를 공식적으로 인정받아 지도 자의 지위에 오른 사람을 '빅맨big man형 지도자'라고 한다. 빅맨 형 지도자는 자신의 신분이나 자격에 의해 지도자가 된 것이 아 니기에 자리에 대한 끊임없는 경쟁과 도전을 감수해야 한다. 또 리더십에 대한 갈등을 대립과 타협으로 적절히 해결할 줄 알아 야 한다. 압도하는 카리스마와 판단력, 설득력 등으로 신뢰를 형 성한 빅맨형 지도자만이 그 사회의 질서와 안정을 보장할 수 있 기 때문이다.

'사제priest형 지도자'는 추장형이나 빅맨형 지도자와 달리 종 교적 권위로 갈등과 분쟁을 해결한다. 아프리카 남수단의 누에 르 부족에게는 표범 가죽을 걸친 지도자가 있다. 표범 가죽leopard skin이라 불리는 이 지도자는 어떠한 정치적 권력도 갖고 있지 않 다. 갈등과 분쟁을 오직 제3자의 입장에서 바라보며 중재한다. 표범 가죽은 문제를 해결하는 대가를 받아 경제적으로 부유했고, 이를 바탕으로 중재할 때 더 강한 힘을 발휘했다. 그러나 부의 축 적에 목표가 있지 않았기에 신성하고 탈권력적인 성격을 유지할 수 있었다.

우리나라의 1970년대와 80년대 군사정권 시절, 종교계 지도자들이 대통령이나 여야 정치인들에게 조언과 일침을 가할 수 있었던 것도 사제형 지도자가 주는 공정성과 객관성 때문이었다.

지도자는 자기에게 주어진 권력을 누구를 위해, 무엇 때문에, 어떤 목적으로 사용하는지 고민해야 한다. 자신이 속한 사회의 문화 안에서 허용되는 권력의 범위와 한계를 반드시 인지해야 한다. 그래야 권위를 지킬 수 있으며 공동체의 결속력을 강화할 수 있다. 한 사회의 질서이자 전 세계의 질서인 정치는 제도, 이념, 종교, 경제, 예술 등 인간과 사회를 아우르는 문화다. 그렇기에 지도자의 올바른 권력 행사는 그가 속한 문화의 실천이라 할 수 있다.

종교와 문화, 정신과 기준

흔히 문화를 물질문화와 정신문화로 나눈다. 물질문화는 자연환경에 적응하느라 인간이 이루어 놓은 가시적이고 인공적인 문화를 말한다. 자전거, 자동차, 비행기 같은 운송수단, 무전기, 휴대전화, 컴퓨터 같은 통신수단, 경복궁, 수원성, 성수대교 같은 건축물 등이 여기에 속한다. 정신문화는 정신적 활동으로 인간이 이루어 놓은 학술, 사상, 도덕, 종교, 예술 등의 문화를 말한다.

한 사회는 물질문화와 정신문화가 공존하며 상호 보완적인 관

계를 유지하고 있는데, 공동체의 안녕과 결속을 유지하기 위해 가장 필요한 것은 정신문화, 특히 종교다.

종교란 인간 존재의 불안과 생활의 고뇌를 해결하고 심리적 두려움을 해소하며 삶의 궁극적인 의미를 추구하는 인식문화라 할 수 있다. 그렇기에 종교는 초자연적인 현상에 대해 인간이 느끼는 불가항력을 초월적 대상에 대한 믿음으로 극복한 데서 시작되었다고 볼 수 있다. 초월적 대상에 대한 숭배는 선사시대부터 다양한 모습으로 지금까지 이어지고 있다. 애니미즘, 토테미즘 같은 원시적인 시공간에서 발견되는 믿음에서 시작해 세계 4대 종교인 기독교, 이슬람교, 불교, 힌두교까지 전 세계에는 수많은 종교가 있다.

그런데 종교에 관한 연구는 19세기 중엽에 들어서야 본격적으로 시작되었다. 그전까지 유럽에서는 종교 연구가 신에 대한 모욕이라는 분위기가 팽배했기 때문이다. 다윈의 진화론과 프로이트Sigmund Freud의 무의식이 정설로 받아들여지면서 유럽 사람들은 신으로부터 자유로워졌고, 문화인류학에서는 진화론적 입장에서 종교 기원을 탐색하기 시작했다. 종교진화론은 생물학적 진화 개념을 인간의 사회와 문화에 적용한 것으로, 종교의 기원을 원시종교로 접근했고 종교진화의 중심에 그리스도교를 두었다. 종교의 소멸은 과학과 기술의 발달 때문이라고 전망했다.

타일러, 뒤르켐, 프레이저 등은 종교의 기원을 원시종교에서 찾았다.

타일러는 《원시문화Primitive Culture》에서 종교의 기원을 '애니미즘animism'이라고 주장했다. 정령신앙이라 불리기도 하는 애니미즘은 인간만이 아니라 돌, 바위, 나무 같은 사물도 영혼을 지니고 있다고 믿는 것이다. 애니미즘의 핵심은 죽고 난 뒤에도 인간의 영혼이 활동한다는 것에서 그치지 않고 이를 동물이나 사물에까지 확장함으로써 신의 관념이 생겨나게 했다는 데 있다. 이러한 영혼 숭배로 인해 종교가 생겨났으며 영혼 숭배가 종교의 근본 원리로 자리잡았다고 보았다.

반면 사회학의 아버지라고 불리는 뒤르켐은 타일러를 반박하며 '토테미즘Totemism'을 종교의 기원이라 보았다. 토템totem이란 한 사회가 공통의 기원을 갖거나 결합관계에 있다고 믿으며 신성하게 여기는 동물과 식물, 자연물 등을 말한다. 이 토템과 관련한 신념, 의례, 풍습 등을 제도화한 체계가 토테미즘이다.

단군 신화에 등장하는 곰과 호랑이는 이를 숭배하는 부족의 토템이었다. 북아메리카에는 독수리나 앵무새를 토템으로 섬기는 인디언 부족이 있고, 인도의 흰 소 숭배도 토테미즘이다. 토템과 관련한 신화나 전설, 금기, 신념이나 의례는 사회를 하나로 묶어주는 역할을 하기에 뒤르켐은 토템이라는 체계 자체가 종교의 기원이 될 수 있다고 보았다.

프레이저는 자신의 책 《황금가지 Golden Bough》에서 인류의 사고는 주술에서 종교로, 종교에서 과학으로 발전한다고 주장했다. 원시종교에서 주로 행해졌던 주술을 종교의 기원이라고 본 것이다. 주술은 불행이나 재해를 막고 병을 치료하는 것 같은 특정한 의도를, 주문을 외우거나 술법을 부리는 등의 초자연적인 방법으로 처리하는 신앙이나 관념을 말한다.

좋은 의도의 백주술이든 나쁜 의도의 흑주술이든 주술은 인과의 법칙이나 결정론적 사고가 작용한다고 믿을 때 효과가 좋기에, 원시사회에서 이해하기 어려운 상황이 생겼을 때 많이 행해졌다. 주술과 종교 모두 불가항력적이고 불가사의한 상황을 인정하게 하는 역할을 하지만, 주술이 더 강제적이고 강력한 믿음을 요구한다. 프레이저는 자연의 질서와 현상을 인과의 법칙 안에서 이해하는 과학의 첫걸음을 주술이라고 보았기에, 주술에서 종교를 거쳐 과학으로 발전한다는 도식을 설명할 수 있었다.

문화인류학자들은 종교의 역할을 크게 세 가지로 본다.

첫째, 종교는 인간의 머리로 이해할 수 없는 현상을 설명한다. 특히 사후 세계의 두려움에 대해서는 절대적인 영향력을 행사한다. 둘째, 종교는 도덕적이고 윤리적인 행동의 기준을 제시한다. 대표적인 예로 부모에게 효도하고 살인이나 도둑질하면 안 된다는 기본적인 사회 규범이 기독교의 십계명에서 유래한 것을 들 수 있다. 셋째, 자연재해, 질병, 파산, 죽음 등 극복하기 어려운 고통에 직면했을 때 종교는 인간을 강하게 만들어 준다. 신에 대한 믿음으로 상황을 수습하고 살아갈 에너지를 얻는다.

이중 행동의 기준으로서의 종교는 한 사회의 문화와 연관이 깊다. 정해진 국교가 없는 우리나라는 여러 종교가 혼재해 있지만, 유럽이나 아메리카 등에서는 기독교가, 동남아시아에서는 불교와 힌두교가, 아프리카나 중동에서는 이슬람교가 강세를 보인다. 그렇기에 이들 종교 교리가 일상 행동의 기준으로 자리 잡았고 삶을 변화시키는 가능성으로 존재하고 있다. 특히 무슬림에게 요구되는 하루 다섯 차례의 기도, 라마단, 할랄 등은 종교가 사회 규범의 역할을 하고 있음을 단적으로 보여준다.

미국의 지리학자인 헌팅턴Samuel Huntington은 《문명의 충돌The Clash of Civilizations and the Remaking of World Order》에서 인간의 행동에 의미를 부여하는 원천인 종교, 특히 기독교와 이슬람교의 대립이 세계 정세의 핵심 변수로 떠오를 것이라고 주장했다. 그러나 기독교와 이슬람교의 문화 충돌은 교리만이 아니라 정치·경제적 요인과 사회·문화적 요인이 복합적으로 작용한다. 그래서 하랄트 밀러나 이란 전 대통령 하타미 등은 문명의 충돌 대신 '문명의 공존'이나 '문명간의 대화'를 주창하고 있다.

주술사의 질병 치료

• • •

프랑스의 인류학자인 레비스트로스Claude Levi Strauss는 원시사회의 주술사와 현대의 정신과 의사는 질병 치료에 있어서 같은 역할을 한다는 흥미로운 주장을 펼쳤다. 무당, 샤먼이라고도 불리는 주술사는 종교적, 의료적 행위를 수행하는 지도자로, 우리가 살고 있는 인간계와 눈으로 볼 수 없는 영계를 이어 준다. 공동체의 수호신과 직접 교류해 미래를 예언하거나 꿈을 해석하고 점을 치거나 질병을 치료하는 등의 역할을 한다. 그렇기에 주술에 대한 공동체의 믿음과 주술사의 명성이 높으면 높을수록 사회는 안정되고 치료 효과가 좋아진다.

정신과 의사는 의식과 무의식의 세계를 연결해 질병을 치료한다. 보이지 않는 영역을 인식의 차원으로 끌어들여 치료한다는 점은 주술사와 동일하지만, 치료 방법에서는 차이를 보인다. 질병의 원인을 바라보는 시각이 다르기 때문이다. 주술사는 질병의 원인이 외부의 주술에 있다고 본다. 그렇기에 환자는 수동적으로 주술사가 주술을 벗겨 내는 과정을 견디고 기다려야 한다. 반면 정신과 의사는 질병의 원인이 환자의 마음, 즉 내부에 있다고 보고 환자의 능동적인 참여와 고백을 유도하고 경청한다. 결론적으로 말하면 레비스트로스가 주장한 것처럼 시대와 방법, 사회와 문화가 다를 뿐 질병 치료의 효과는 주술사와 정신과 의사가 비슷하다고 할 수 있다.

이러한 질병 치료는 우리나라에서도 행해졌다. 우리 고유의 주술사인 무당을 통해서다. 의사의 수가 많지 않은 데다 치료 비용을 마련하는 것도 쉽지 않았던 사회에서 무당은 공동체의 몸과 정신에 관한 지식을 독점하고 있었다. 질병을 치료하는 제주도 무당에 관한 김성례의 연구는, '질병은 사회관계의 이상을 나타내는 징후'여서 치료가 공동체 차원으로 확대된다는 것을 증명했다. 인간의 몸은 정신과 분리할 수 없으며, 정신을 통해 다른 사람과도 연결되어 있기에 개인은 집단적 자아의 일부라 할 수 있다는 것이다.

특히 4·3 사건이라는 아픔이 있었던 제주도에서는 질병의 집단적 치료가 중요시되었고, 무당의 역할 또한 중요했다. 정치적인 억압 때문에 드러내 놓을 수 없는 기억을 수십 년 동안 간직해 오던 사람들은 무당을 찾았다. 공동체 내에서 서로에 대한 오해와 몰이해가 원한이 되었고, 원한은 질병으로 이어졌다. 누군가의 흑주술이나 초자연적인 힘이 질병을 유발했다고 여겼기에 푸닥거리나 굿을 통해 이를 치료하려 했다. 이런 치료는 미신이고 비합리적이라 여기는 시선에서 바라보면 전혀 효과가 없다. 하지만 문화 속에서 이루어지는 사회적 소통과 공동체의 단합이라는 측면에서 바라보면 질병 치료 이상의 효과를 발휘한다.

이런 의미에서 주술사의 질병 치료는 일종의 문화적 행위라 할 수 있다. 개개인의 치료만이 아니라 공동체를 유지하는 힘을 발휘하기 때문이다. 그 사회가 인간을 어떻게 생각하고 공동체 구성원을 어떤 방식으로 대하는지도 알려주기에 비과학적이라는 이유로 소멸시켜서는 안 된다. 고유의 전통이라는 점만으로도 충분히 보존할 가치가 있다.

4

문화인류학을 공부하려는
청소년에게

문화인류학과에서는 어떤 것을 배울까?

문화인류학은 인류학의 한 분야로, 인류 문화의 다양성과 특수성을 비교하고 연구한다. 사회과학적 방법으로 인류 문화를 파악하고 이론화한다. 문화인류학자는 연구 대상으로 삼은 지역에서 최소 1년 동안 현지인과 함께 생활하며 현지의 문화를 현지인의 관점으로 바라보고 심도 있게 연구한다.

이런 점에서 문화인류학자는 최고의 현지 문화 전문가로 존중받고 사회적 요구에 공헌하게 된다. 해외 진출 기업들에게는 고객과 시장을 현지 관점에서 이해하고 접근할 수 있는 지역문화

전문가로서 크게 평가받고 있다.

소외되고 고립된 지역에서 독특한 방식으로 살아가는 모습을 주로 연구하던 문화인류학은 글로벌화의 영향으로 연구 영역이 더욱 다양해지고 있다. 기술의 발달, 자연환경의 변화, 국제 정세의 다양화, 팬데믹의 확산, AI 시대의 도래 등 격변하는 문화 현상이 연구에 새롭게 반영된 것이다.

그렇기에 문화인류학과에서는 전통적인 인류학적 연구, 고고학적 연구, 민속학적 연구만이 아니라 문화상대주의와 비교문화의 관점으로 새로운 미래 문화를 연구할 수 있도록 문화인류학의 기초를 배운다. 유물과 유적을 발굴하고 문화의 의미를 탐구하며 직접 문화 현장에 뛰어들어 문화를 깊이 있게 분석하는 법도 배운다. 서구 중심의 시선에서 벗어나 확장된 사고로 문화를 이해하고, 이주나 이민, 유학 같은 전 세계적 이동을 배우는 가운데 우리 문화의 독특함을 습득한다. 나아가 의료, 보건, 개발, 도시재생 같은 문화생태를 배워 인류의 지속 가능성을 연구한다. 이주, 난민, 빈곤 등 현실의 문제를 살피고 실천적으로 개입해 새로운 문화를 기획할 수 있도록 현장 조사나 인턴십이 이루어진다.

국내외 전쟁이나 분쟁 지역, 재난 지역에서 대민 봉사를 하면서도 현지문화를 잘 이해하고 주민들의 요구에 가장 적합한 방

문화인류학자들의 발굴

문화인류학과에서는 유물과 유적을 발굴하고
문화의 의미를 탐구하며 직접 문화 현장에 뛰어들어
문화를 깊이 있게 분석하는 법도 배운다.

식의 봉사 매뉴얼을 짜고 효율적인 수요자 중심의 구호활동을 벌이게 된다. 또한 국내만이 아니라 다른 나라로 답사를 떠나 세계 문화를 연구하고, 영화나 대중매체를 문화연구에 이용하기도 하며 문화유산의 보존에 앞장서는 등 동아리 활동을 통해 문화인류학에 관한 전반적인 지식과 응용력, 창의력을 함양한다.

문화인류학과의 개설 과목으로는 문화인류학 개론, 경제와 사회, 실용 영어, 소프트웨어와 인공지능, 사회공헌과 봉사, 현대 가족과 혼인, 현대사회와 정체성, 상징과 의례, 고고학 개론, 현대고고학의 이해, 선사고고학, 역사고고학, 동아시아 고고학, 유라시아 고고학, 대중 고고학, 한국 고고학, 기술의 고고학, 고고 유산 실습과 활용, 국제 문화의 이해, 한국인과 한국문화, 문화와 인성, 문화 변동과 문화유산, 지역문화 기획, 도시의 문화, 문화와 산업, 아시아인의 삶과 문화, 문화와 기업, 한국문화 낯설게 보기, 동아시아 지역연구, 일본문화 연구, 현대 중국의 사회와 문화, 동남아시아의 사회와 문화, 지역연구, 이슬람 세계의 이해, 박물관학, 박물관 전시 기획, 민속과 박물관, 문화유산 조사 실습, 인류학 연구 방법, 현장의 인류학, 문화인류학과 현대사회, 글로벌이슈와 문화인류학적 전망, 지구촌 시대의 문화인류학, 세계화와 다문화주의, 몸의 인류학, 정치인류학, 빈곤의 인류학, 법인류학, 전쟁인류학, 소수민족의 이해, AI 시대 새로운 인간학, 민속학 개론, 민속과 관광, 공동체와 민속문화, 문화 콘텐츠론, 영상과 문화, 지역 재생과 문화유산 콘텐츠, 민속문화와 콘텐츠, 대중문화와 문화산업, 영상 인류학, 문화기획 실습, 네트워크 사회의 문화기획, 문화와 관광 등이 있다.

문화인류학과에서 공부하려면 무엇이 필요할까?

문화인류학과는 세계화 시대의 요구에 부응하는 문화 전문가를 양성하는 것을 교육목표로 삼고 있다. 인간의 정체성을 나타내는 방식으로서의 문화, 다양한 삶의 모습을 기획하고 영위하는 방법으로서의 문화, TV나 유튜브 같은 매체가 생성한 이미지로서의 문화, 다양한 문화가 만나 융합하고 분화하여 성장하는 에너지로서의 문화 등 여러 영역에서 활동할 수 있는 문화 전문가를 길러내는 것이다.

그렇기에 문화인류학을 공부하려면 인류와 역사, 사회 현상과 문화에 관해 관심이 있어야 한다. 특히 인간에 대해 깊고 넓게 알고자 하는 마음이 필요하다. 인간을 빼놓고는 문화인류학을 생각할 수 없기 때문이다. 다른 사람들을 통해 다른 문화를 이해하는 것이 필수이므로 호기심과 도전정신도 문화인류학도들에게

현지 조사

현지 조사나 답사 같은 문화 현장에서 일하고 탐구하려면
체력과 인내력이 어느 정도는 뒷받침되어야 한다. 현장에서의 작업은 생각보다
체력 소모가 크고, 여러 사람과 부딪히면서 갈등을 겪을 수 있기 때문이다.

는 중요한 덕목이다. 독서와 글쓰기를 좋아한다면 문화인류학과에서 공부하는 데 큰 도움이 된다. 많은 관련 자료를 읽어야 하고, 논술 형식으로 치러지는 시험이나 민족지 등을 작성해야 하기 때문이다.

또한 현지 조사나 답사 같은 문화 현장에서 일하고 탐구하려면 체력과 인내력이 어느 정도는 뒷받침되어야 한다. 현장에서의 작업은 생각보다 체력 소모가 크고, 여러 사람과 부딪히면서 갈등을 겪을 수 있기 때문이다. 현지인이든 같이 연구하는 사람이든 타인과 접할 기회가 많기에 문제를 원만히 해결할 수 있는 소통 능력도 요구된다.

삶의 방식을 문화라는 렌즈를 통해 배우는 문화인류학을 공부할 때 문화적 감수성이 풍부하다면 훨씬 수월하게 접근할 수 있다. 문화적 감수성은 세상과 사람을, 과거와 현재를, 문화와 생활을 통찰력 있게 연결하는 중요한 자질이기 때문이다.

문화인류학과에서 공부할 때 필요한 것으로는 공모전 참가나 대외활동, 자기계발, 해외봉사, 해외여행 기록 등을 들 수 있다. 이는 취업에도 도움이 되지만 자기의 능력을 향상시키고 문화인류학의 묘미도 느낄 수 있기에 도전해 보는 것이 좋다.

첫째, 문화인류학 관련 공모전이나 학술 대회에 참가한다. 주제를 정하는 것부터 논문 작성의 과정까지 분석 및 연구 능력을 향상할 수 있고, 세미나나 워크숍에서 발표하는 경험을 쌓을 수 있다.

둘째, 국내외에서 진행되는 문화 체험 및 교류 프로그램에 참가한다. 다양한 문화와 사람을 경험하여 문화에 대한 이해와 사고의 폭을 넓힐 수 있다.

셋째, 사회 조사 및 현장 연구에 참여한다. 발굴 현장이나 박물관, 현지 조사에 보조로 참여해 쌓은 경험은 문화인류학자가 되거나 취업할 때 도움이 된다.

넷째, 어학을 공부한다. 전 세계가 연구 대상이 되는 문화인류학에서는 언어가 매우 중요하다. 현지 조사에는 필수이므로 관심있는 지역의 토착 언어를 공부하는 것은 기본이다.

다섯째, 글쓰기 대회에 참가한다. 자신의 연구와 의견을 정확하게 표현하고 효과적으로 전달하려면 글쓰기 실력이 필요하기 때문이다.

이 밖에도 문화자원이나 문화유산을 조사하고 보존하는 프로젝트에 참여하거나 인류학과 관련한 IT기술 등을 습득하는 것도 문화인류학과에서 공부하는 데 도움이 된다.

문화인류학 전공자의 진로와 취업

철저히 사람 중심으로 사고하고 이를 과학적으로 검증하는 훈련을 거친 문화인류학 전공자들이야말로 AI시대 4차 혁명의 주역으로 등장할 가능성이 아주 높다. 사람에 대한 정확하고 체계적인 이해를 필요로 하는 분야는 갈수록 중요해지기 때문에, 사실상 문화인류학은 사회의 모든 분야에 필요하고 접목될 수 있는 필수학문이다.

몇 해 전 문화인류학과 졸업생이 모 자동차 회사 판매왕으로 선정된 적이 있었는데, 그의 인터뷰가 인상적이었다. "자동차 홍보보다는 고객의 취향과 요구를 잘 듣고 철저히 고객의 입장에서 문제를 해결해 나가다 보니 저절로 라포신뢰가 형성되었고, 한 번 거래를 했던 고객들이 계속해서 찾아주었다. 문화상대주의 관점에서 고객 중심으로 사고하는 인류학적 훈련이 오늘의 나를 있게 한 것 같다."

세계적인 영화감독 스필버그도 문화인류학도였기 때문에 '쥬라기 공원' 'E.T' '죠스' '인디아나 존스' '백 투더 퓨처' 같은 탁월한 상상력을 발휘한 작품을 만들 수 있지 않았을까? 얼마전 인기를 끌었던 모 방송사의 '요리인류'란 프로그램도 문화인류학 전공 피디PD의 작품이었다. 그래서인지 문화에 대한 통찰력을 가득

스티븐 스필버그
문화인류학을 전공한 스필버그는 '쥬라기 공원'
'E.T' '죠스' '인디아나 존스' '백 투 더 퓨처' 등
탁월한 상상력을 발휘한 영화를 만들었다.

담아 문화와 요리에 대해 생각해보는 흥미로운 프로그램이었다.

전통적으로 문화인류학 전공자들은 주로 발굴 관련 분야, 방송사 피디, 잡지사 등의 언론계, 일반 대기업과 중소기업, 외국계 기업에 근무하거나 문화재, 문화유산, 유물전시와 관련된 박물관·미술관의 학예사, 문화재청 및 산하 기관, 지자체 학예연구직 공무원 등으로 일하고 있다. 요즘에는 지역문화와 관련된 기구나 연구소, 국제기구나 국내외 NGO에 진출해 빈곤, 인권, 성차별 등 사회적 문제를 해결하기도 한다.

다문화 사회가 급속도로 진행되면서 출입국관리소, 각급 법원, 경찰서, 병원 등에서는 외국인 환자들과 문화 차이나 소통 부족으로 끊임없이 문제가 발생하고 있다. 이런 시기에 문화인류학 전공자들이 문화 이해와 고객과의 라포 형성 노하우를 토대로 활약을 펼치고 있는 점도 눈여겨 볼 만하다.

또한 대학에서 문화적 감수성과 방법론을 훈련했기에 국제 문화에 관한 이해를 필요로 하는 해외 마케팅이나 해외 지역전문가로 활동하거나 문화적 관점이 필요한 영화감독, 작가처럼 문화콘텐츠를 기획하고 생산하는 일에 종사하기도 한다. 문화가 고부가가치 상품이 되면서 문화와 역사 콘텐츠가 중요한 경쟁력으로 떠오르고 있기에, 기획력과 창의력을 갖춘 문화인류학 전공자들이 활동할 직업의 폭은 점점 넓어지는 추세다.

문화인류학과 관련된 학과들

지역	대학
서울특별시	덕성여자대학교 문화인류학전공
	서울대학교 인류학과
	세종대학교 문화산업경영 융합전공
	연세대학교 한국문화 · 통상전공
	연세대학교 문화인류학과
대구광역시	경북대학교 고고인류학과
	계명문화대학교 글로벌한국문화과
울산광역시	울산대학교 역사 · 문화학과
광주광역시	전남대학교 문화인류고고학과
경기도	한양대학교 문화인류학과
강원도	강원대학교 문화인류학과
전라북도	군장대학교 글로벌융합계열
	전북대학교 고고문화인류학과
	목포대학교 고고문화인류학과
경상북도	안동대학교 민속학과
	영남대학교 문화인류학과

문화인류학의 가치

● ● ●

인류에게는 동일성과 다양성이 공존한다. 같은 지역에 살면서 다른 언어를 사용하기도 하고, 다른 지역에 살면서 같은 음식을 먹기도 한다. 같은 지역에 살면서 다른 휴대전화를 사용하기도 하고 다른 지역에 살면서 같은 자동차를 타기도 한다. 그렇기에 전통적이면서도 다이나믹한 인류의 문화를 연구하면서 현재에 관여하고 미래를 내다볼 힘을 얻게 된다.

이때 문화인류학자는 자신의 지식과 체험을 현지 조사와 연구의 도구로 사용해 문화적 공통점과 차이점을 감지해 낸다. 이를 '문화적 감수성cultural sensibility'이라고 한다. 자기 문화와 다른 문화의 미묘한 차이를 알아내는 문화적 감수성은 하루아침에 생기지 않는다. 문화적 감수성은 경험에 대한 자기 성찰의 결과물이다. 관찰과 경청을 토대로 다른 문화를 관찰하고 연구하면서 자기 문화와 자기 자신에 대해 성찰하는 법을 배우기 때문이다.

문화적 감수성을 토대로 문화인류학자는 문화중개자의 역할을 수행할 수 있다. 문화 차이로 인해 생긴 몰이해와 갈등을 중재하고, 서로 다른 문화에 대한 올바른 인식을 전한다.

또 문화적 감수성은 자기 문화를 객관적이고 냉철하게 바라보게 만든다. 자신이 속한 사회의 정의는 과연 옳은 것인지, 사회의 선택은 과연 최선인지 등을 검토하는 과정에서 자기 문화 비평이 이루어진다. 이렇듯 인간을 인간답게 살게 해 주는 문화적 감수성은 우리 모두에게 꼭 필요하다.

미국이나 유럽의 주요대학에서는 문화인류학과나 관련 커리큘럼이 없다면 대학으로 인정받지 못할 정도로 문화인류학은 일반화된 학문이다. 전공이 아니더라도 다원화된 세상에서 다양한 계층이나 집단 간의 갈등, 이해관계 상충을 중재하고 합리적으로 해결하는 것이 리더의 가장 중요한 덕목으로 부각되고 있는 환경에서 문화인류학 공부는 글로벌 리더로서 이수해야 되는 필수 교양이 된 지 오래다.

우리는 인공지능과 알고리즘, 탈인간화의 효율성이 갈수록 심화되어 가는 4차 산업 혁명의 시대에 살고 있기 때문에 인간성과 윤리성의 문제가 절실하다. 첨단 과학과 데이터를 다루는 사람에 대한 체계적인 이해와 새로운 인간상 창출이 AI 시대 인류 미래의 당면 과제라는 측면에서, 문화인류학은 어느 때보다 더욱 절실하고 중요한 학문 분야로 각광받게 될 것이다.

인류학은 자신과 자신이 속한 사회와 문화의 문제를 해결하는 학문이기 때문이다.

지피지기知彼知己면 백전백승百戰百勝이라는 말처럼 문화인류학을 공부해 문화적 감수성을 함양한다면 세상살이가 조금은 수월해지지 않을까? 인간은 혼자 살 수도 없고 인간을 떠나서 살 수도 없다. 다른 인간과 문화에 관심을 갖는 것은 인간의 본능이므로 문화인류학은 오늘을 살아가는 힘이고 미래를 해결하는 직확한 지침이다. 여기에 문화인류학의 가치가 있다.

더 읽을거리

《어느 외계인의 인류학 보고서》, 이경덕 저, 사계절, 2021

《처음 만나는 문화인류학》, 한국문화인류학회 저, 일조각, 2021

《낯선 곳에서 나를 만나다》, 한국문화인류학회 저, 일조각, 2006

《글로벌시대의 문화인류학》, 바바라 밀러 저, 홍석준, 박준규, 박충환,
　이창호 역, 시그마프레스, 2013

《이슬람 학교》, 이희수 저, 청아, 2015

《사피엔스》, 유발 하라리, 김영사, 2016

《문화인류학의 역사》, 머윈 S. 가바리노 저, 한경구, 임봉길 역, 일조각,
　2023

《현대문화인류학》, 강윤희 외 17인, 형설출판사, 2022

《화석맨》, 커밋 패터슨 저, 윤신영 역, 김영사, 2022

《눈에 보이지 않는 지도책》, 제임스 체셔, 올리버 우버티 저, 송예슬
　역, 윌북, 2022

《두 번째 인류》, 한스 블록, 모리츠 리체비크 저, 강민경 역, 흐름출판,
2023

《경험은 어떻게 유전자에 새겨지는가》, 데이비드 무어 저, 정지인 역,
아몬드, 2023

《차이에 관한 생각》, 프란스 드 발 저, 이충호 역, 세종서적, 2022

《회복력 시대》, 제러미 리프킨 저, 안진환 역, 민음사, 2022

《우리에게는 다른 데이터가 필요하다》, 김재연, 세종서적, 2023

《가난한 아이들은 어떻게 어른이 되는가》, 강지나, 돌베개, 2023

《신인류가 온다》, 이승헌 저, 한문화, 2023

《세계시민학 서설》, 배기동 외, 주류성, 2021

《사라진 시간과 만나는 법》, 강인욱, 김영사, 2024

문화를 통해 배우는 삶의 방식

처음 문화인류학

초판 1쇄 발행 2024. 12. 31.

지은이	이희수
발행인	이상용 이성훈
발행처	봄마중
출판등록	제2022-000024호
주소	경기도 파주시 회동길 363-15
대표전화	031-955-6031
팩스	031-955-6036
전자우편	bom-majung@naver.com

ISBN 979-11-92595-96-2 43300